# 독자의 1초를 아껴주는 정성!

세상이 아무리 바쁘게 돌아가더라도
책까지 아무렇게나 빨리 만들 수는 없습니다.
인스턴트 식품 같은 책보다는
오래 익힌 술이나 장맛이 밴 책을 만들고 싶습니다.

땀 흘리며 일하는 당신을 위해
한 권 한 권 마음을 다해 만들겠습니다.
마지막 페이지에서 만날 새로운 당신을 위해
더 나은 길을 준비하겠습니다.

독자의 1초를 아껴주는
정성을 만나보십시오.

미리 책을 읽고 따라해 본 2만 베타테스터 여러분과
무따기 체험단, 길벗스쿨 엄마 기획단,
시나공 평가단, 토익 배틀, 대학생 기자단까지!
믿을 수 있는 책을 함께 만들어주신 독자 여러분께 감사드립니다.

(주)도서출판 길벗    www.gilbut.co.kr
길벗이지톡    www.eztok.co.kr
길벗스쿨  www.gilbutschool.co.kr

# 월급으로
# 시작하는
# 부동산
# 투자

# 월급으로 시작하는 부동산투자

Real Estate Investment Starting With Monthly Salary

**초판 1쇄 발행** · 2020년 9월 25일
**초판 2쇄 발행** · 2021년 1월 20일

**지은이** · 투자가 카일
**발행인** · 이종원
**발행처** · (주)도서출판 길벗
**출판사 등록일** · 1990년 12월 24일
**주소** · 서울시 마포구 월드컵로 10길 56(서교동)
**대표전화** · 02)332-0931 | **팩스** · 02)322-0586
**홈페이지** · www.gilbut.co.kr | **이메일** · gilbut@gilbut.co.kr

**기획 및 책임편집** · 박윤경(yoon@gilbut.co.kr) | **디자인** · 장기준 | **영업마케팅** · 정경원, 최명주
**웹마케팅** · 김진영, 장세진 | **제작** · 손일순 | **영업관리** · 김명자 | **독자지원** · 송혜란, 윤정아

**교정교열 및 편집 진행** · 최원정 | **일러스트** · 김태은 | **전산편집** · 예다움
**CTP 출력 및 인쇄** · 북토리 | **제본** · 신정문화사

**ISBN** 979-11-6521-298-8 13320
(길벗도서번호 070437)

정가 16,500원

---

**독자의 1초를 아껴주는 정성 '길벗출판사'**

**길벗** | IT실용서, IT/일반 수험서, IT전문서, 경제실용서, 취미실용서, 건강실용서, 자녀교육서
**더퀘스트** | 인문교양서, 비즈니스서
**길벗이지톡** | 어학단행본, 어학수험서
**길벗스쿨** | 국어학습서, 수학학습서, 유아학습서, 어학학습서, 어린이교양서, 교과서

**네이버포스트** · https://post.naver.com/gilbutzigy
**유튜브** · https://www.youtube.com/ilovegilbut
**페이스북** · https://www.facebook.com/gilbutzigy

평범한 월급쟁이를
수십억대 부자로 만든 투자법

# 월급으로
# 시작하는

# 부동산
# 투자

투자가 카일 지음

길벗

# 월급으로 투자한 부동산이 가져다준 경제적 자유

평범한 회사원인 제가 지금 누리는 경제적인 여유는 아마 돈을 벌기 시작하면서 바로 부동산투자와 재테크를 시작했기 때문일 것입니다. 저는 직장생활을 시작한 2000년부터 20년 동안 꾸준히 부동산투자를 해왔습니다. 그래서 제 나이 또래보다 꽤 오랜 투자 경험을 가지고 있지요. 물론 처음엔 사회초년생이었으니 좌충우돌하기도 했습니다. 하지만 긴 세월만큼이나 많은 성과를 이루었습니다.

직장생활만 열심히 한다고 은퇴 후의 인생을 회사가 보장해주진 않기에 직장인들은 늘 불안할 수밖에 없습니다. 이 책을 쓰게 된 이유는 경제적 자유를 꿈꾸는 직장인들에게 조금이나마 도움이 되기 위해서입니다. 경제적 자유의 기준은 사람마다 다르겠지요. 예전에는 보통 10억원이었지만 하루가 다르게 물가가 상승해 지금은 30억, 100억원을 얘기하기도 합니다.

제가 생각하는 경제적 자유란 지금 당장 돈을 벌지 않아도 생활에 문제가 없는 상황, 즉 사회생활을 하는 주된 목적이 돈이 아니어도 되는 상황입니다. 이런 의미의 경제적 자유를 저는 이미 얻었습니다. 처음에는 투자금이 적게 드는 매물들로 부동산투자를 시작했지만 점차 키워나가 지금은 투자금 액수가 크고 장기적 가치가 높은 물건에 투자하고 있습니다. 또한 직장생활을 하면 기본적으로 주어지는 국민연금, 퇴직연금 외에 개인적으로 추가적인 연금도 몇 개 마련해두었습니다. 4차 산업혁명을 리드하는 기업의 국내외 주식과 펀드에도 꾸준히 투자하고 있지요. 20년 직장생활을 했으니 연봉이 많이 오른 것은 물론입니다.

이렇게 연금과 주식, 시세차익용 부동산과 임대수익용 부동산으로 경제적 자유를 얻었지만 크게 달라진 것은 없습니다. 20년간 해온 것처럼 여전히 다니던 회사를 계속 다니며 매일 바쁘게 일을 하고 남는 시간을 쪼개서 투자를 하고 있지요. 다만 경제적 자유 이후의 삶이 더 여유롭고 행복한 건 사실입니다. 회사일도 전보다 더 잘 됩니다. 골프를 칠 때 힘을 세게 주어 스윙하면 잘 안 나가는데 마음을 비우고 힘을 뺀 상태에서 가볍게 스윙하면 공이 더 멀리 나가는 것처럼요. 경제적 자유는 마음의 여유를 선물하며 또 다른 꿈을 꾸게 합니다.

특히 부동산투자는 제가 경제적 자유를 얻는 데 가장 중요한 도구였습니다. 주변의 친구들을 보면 소득이 높은 의사, 변호사라 하더라도 부동산투자를 하는 친구와 하지 않는 친구 사이에는 큰 차이가 납니다. 소득이 높다고 해도 재벌이 아닌 이상 부동산투자는 자산증식의 중요한 축이기 때문입니다.

최근 몇 년 간 부동산 시세가 급등하였고, 정부의 부동산 규제정책은 점점 강도가 세지고 있습니다. 하지만 조급해 하거나 필요 이상으로 걱정할 필요는 없습니다. 긴 흐름으로 봐야 합니다. 정부는 늘 부동산 시장 상황에 따라 부동산 정책을 풀었다 조였다 하며 부동산 가격이 너무 높아지거나 낮아지는 것을 막으려고 합니다. 예를 들어 5억원의 아파트가 10억원으로 오르면 부동산 규제정책이 나옵니다. 이 아파트 시세가 7억원으로 떨어지면 9억원이나 10억원에 매수한 사람들이 죽는 소리를 내기 마련이지요. 그러면 이들을 구제하기 위해 부동산 활성화정책이 나오게 됩니다.

사실 2020년은 부동산투자를 하기에 좋은 시기는 아니라고 할 수 있습니다. 2014년부터 시작된 부동산 상승기가 지속되어 부동산 규제가 점점 세지면서 사상 유래 없는 부동산 규제정책이 수차례 발표되었고 코로나 사태라는 대형 악재도 발생했습니다. 하지만 분명한 것은 부동산에는 경기사이클이 있으며, 상승기에도 하락기에도 부동산에 관심을 두고 투자를 준비하고 실행하는 자만이 자산을 키울 수 있다는 것입니다.

과거에도 이렇게 부동산 규제정책이 쏟아진 적이 있었습니다. 하지만 몇 년 후 정권이 바뀌면 언제 그랬냐는 듯이 부동산 활성화정책이 발표되고, 세금 완화정책이 연달아 나왔지요. 지금이 적극적으로 투자해야 할 때가 아니라고 해도 틈새시장은 여전히 존재합니다. 청약은 현재 최고의 투자종목이며 재개발 역시 마찬가지입니다. 정부 규제의 풍선효과로 규제지역은 상승세가 주춤하고 비규제지역이 급등한 일도 있었습니다. 특히 내 집 마련은 부동산 주기와 상관없이 나만 준비되면 빠를수록 좋습니다. 부동산 규제와 코로나 사태 때문에 하락하거나 혹은 상승세가 멈춰 선다면 이것은 굉장한 기회이기도 합니다. 다음의 상승장을 준비하는 기간이 될 것이기 때문입니다.

친구 K는 만나면 항상 부동산투자를 어떻게 해야 되느냐고 물어봅니다. 하지만 어디서부터 설명해야 할지 모를 정도로 K는 부동산투자 지식이 부족합니다. 설명을 해도 잘 듣지 않고 그저 적은 금액으로 큰 수익을 낼 수 있는 매물을 소개해달라고 하지요. 제가 부동산투자로 자산을 꾸준히 불려나가고 있는 걸 옆에서 보니 부러운 마음에 늘 물어보기는 하지만 정작 부동산 정보에는 관심이 없습니다.

K처럼 부동산투자에 막연한 관심은 있지만 어떻게 접근하고 준비해야 할지 모르는 사람들이 많습니다. 준비 없는 투자는 운이 좋아 어쩌다 잘 되는 경우도 있겠지만 결국 잘못된 선택으로 이어지게 될 확률이 높습니다.

IMF 때 집 형편이 어려워져 힘든 대학 시절을 보낸 저는 사회생활을 시작하며 누구보다 빨리 안정된 생활을 하고 싶었습니다. 직장생활 초기에는 얼마 되지 않는 월급을 모아 종잣돈을 마련하려고 고생을 많이 했지요. 월급을 모아 만든 종잣돈으로 투자하기를 반복하다 보니 자산이 늘어나는 것이 눈에 보이기 시작했습니다. 부동산 경기의 큰 흐름이 점점 분명하게 보이고 그 흐름에 따라 어떻게 투자해야 하는지도 알게 되었지요.

서울이라고 부동산 가격이 항상 오를 리 없습니다. 가격상승이 있으면 하락도 당연히 있을 수밖에 없지요. 하지만 장기 부동산 시세 그래프를 보면 확실히 우상향을 그려온 것을 알 수 있습니다. 이것이 우리가 부동산투자를 해야 하는 이유입니다.

저는 지금도 직장생활을 하며 재테크를 꾸준히 함께하고 있고 앞으로도 이렇게 계속할 것입니다. 이제까지 해온 것처럼 직장에서 월급도 받고 투자로 돈을 벌면서 자산관리를 한다면 분명히 현재의 자산은 많이 늘어날 것입니다.

빨리 자산을 모아 젊은 나이에 은퇴하는 것을 목표로 소비를 극단적으로 줄이며 회사생활을 하는 파이어족도 있다지만, 저는 일을 하는 것이 즐겁습니다. 바쁘지만 재미있는 직장생활을 가능한 오래 하고 싶습니다. 은퇴 후에는 재능 기부로 그동안의 경험과 지식을 전달하는 것이 꿈입니다. 여유 시간에는 세계 곳곳을 여행하며 취미인 골프를 즐기는 것도 좋을 것 같습니다.

회사일만 열심히 하는 사람과 회사생활을 하면서 재테크도 열심히 하는 사람의 차이는 처음엔 크지 않을 수 있습니다. 하지만 시간이 지날수록 큰 차이가 나기 마련이지요. 작은 습관이 인생과 노후를 바꾸어 놓을 수 있습니다.

남들처럼 부동산으로 돈을 벌고 싶은데 시기를 놓쳤다고 아쉬워하는 직장인들에게 기회는 다시 온다고 말하고 싶습니다. 하지만 준비가 안 된 상태에서 무리하면 탈이 납니다.

본업에 충실하며 부동산투자에 관심을 가지고 공부하면 기회가 왔을 때 잡을 수 있습니다. 꾸준히 종잣돈을 모으고 작은 투자를 반복하면 언젠가는 큰 성과를 누릴 수 있을 것입니다.

이 책이 회사생활을 하면서 부동산투자로 미래를 준비하는 분들에게 조금이나마 도움이 되기를 바랍니다.

투자가 카일

## 차 례

프롤로그 월급으로 투자한 부동산이 가져다준 경제적 자유 … 4

## 01 2000년 부동산 상승기 투자
# 월급쟁이 부동산투자, 이렇게 준비하라

2000~2001년의 부동산 시장상황과 투자전략 … 16

월급쟁이에게 부동산투자는 선택이 아닌 필수 … 22

월급쟁이 재테크, 부동산투자가 답이다 … 27

월급쟁이의 부동산투자 첫걸음 … 32

종잣돈은 투자의 준비이자 시작이다 … 36

월급쟁이 부동산투자의 5단계 프로젝트 … 42

레버리지, 대출을 유연하게 이용하라 … 45

본격적으로 부동산 공부를 시작하다 … 49

부동산투자 하기 전에 꼭 알아 둘 것들 … 54

수익률과 수익의 차이를 이해하라 … 58

## 02 2001~2008년 부동산 상승기 투자
## 사회초년생, 내 집을 마련하다

2001~2008년 부동산 시장상황과 투자전략 … **64**

단돈 1천만원으로 내 집을 마련하다 … **71**

첫 부동산투자 시 고려사항 … **75**

아파트 분양, 서울 밖에서 답을 찾다 … **82**

청약을 적극적으로 공략하라 … **84**

서울 신규 역세권 투자로 기회를 찾다 … **90**

신규 역세권의 안전한 투자처 찾기 … **98**

경매로 토지, 상가, 아파트에 투자하다 … **116**

경매를 이해하고 사이클을 돌려라 … **122**


## 03 2008~2014년 부동산 침체기 투자
## 월급 외의 달콤한 소득, 임대수익에 도전하다

2008~2014년 부동산 시장상황과 투자전략 … **134**

하락기 리스크 관리, 쉬는 것도 답이다 … **144**

오피스텔 투자로 임대수익을 만들어라 ··· 149

다가구주택 투자로 임대수익을 늘려라 ··· 154

임대사업에도 노하우가 필요하다 ··· 160

부동산 처분의 기술 ··· 166

2014~2019년 부동산 2차 상승기 투자
## 04 월급쟁이, 재개발·재건축까지 정복하다

2014~2019년 부동산 시장상황과 투자전략 ··· 172

부동산 상승기의 갭투자와 급매 잡기 ··· 176

갭투자와 월세세팅 투자 ··· 181

신도시 투자기 ··· 186

재개발·재건축 투자기 ··· 191

재개발·재건축 투자 리스크 줄이기 ··· 204

뉴타운을 통한 재개발 투자처 알아보기 ··· 216

월세 500만원의 아파트를 소유하다 ··· 221

## 05 2020년 부동산 2차 침체기 투자
## 당장 은퇴해도 문제없는 포트폴리오 짜기

2020년 부동산 시장상황과 투자전략 ⋯ 228

지속적인 투자의 핵심은 리스크 관리다 ⋯ 234

투자 포트폴리오를 구성하라 ⋯ 239

부동산 세금을 공부하라 ⋯ 245

주택임대사업자, 법인 이해하기 ⋯ 254

## 06 월급쟁이 부동산투자 맞춤 전략

부동산투자로 돈 버는 사람들의 특징 ⋯ 258

마음 편하고 안전한 투자를 위해 필요한 것들 ⋯ 263

투자할 때 이것만은 하지 말자 ⋯ 268

개인 자산관리를 시작하라 ⋯ 274

부동산투자, 지금도 늦지 않았다 ⋯ 281

에필로그 나는 왜 직장 다니며 부동산투자를 하는가? ⋯ 287

2000년 부동산 상승기 투자

# 월급쟁이 부동산투자, 이렇게 준비하라

# 2000~2001년의
# 부동산 시장상황과 투자전략

내가 부동산에 처음 발을 들여놓았던 2000년의 시장 분위기를 보려면 다음의 그래프를 살펴봐야 한다. 1986년 이후부터 현재까지의 서울 아파트 매매가격 지수를 나타낸 그래프로, 이것을 통해 2가지를 알 수 있다.

1. 장기적으로 서울의 아파트 가격은 크게 상승하였다.
2. 결국 상승했지만 꽤 오랜 기간 보합세를 유지했고 심지어 가격이 하락한 적도 있다.

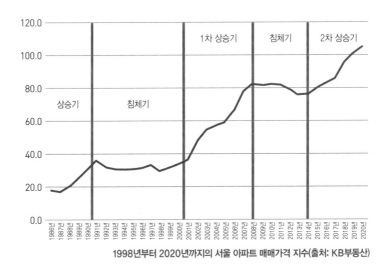

**1998년부터 2020년까지의 서울 아파트 매매가격 지수(출처: KB부동산)**

그래프에서 3번의 가격상승기가 보일 것이다. 1988년 올림픽 전후 구간과 2000년대 구간, 그리고 2015년 이후의 구간에서 뚜렷한 상승세를 볼 수 있다. 1차 상승기 전에는 IMF 외환위기가 있었고, 2차 상승기 전에는 서브프라임 모기지 사태가 있었다.

흥미로운 점은 부동산 시세상승기 이전에 위기가 있었다는 점과 상승할 때 크게 상승하고 침체기와 하락기에는 상대적으로 하락폭이 크지 않다는 점이다. 상승기만큼 침체기와 하락기도 있고 그 기간이 길 수도 있다. 하지만 상승기의 상승폭에 비해 하락폭은 매우 적으므로 그래프를 장기적으로 보면 부동산 시세는 장기적으로 우상향을 그리고 있다.

그래프에서 첫 번째 상승 구간을 살펴보자. 서울 아파트 가격이 급등하던 1988년 서울올림픽 전후 시절에 나는 초등학교, 중학교를 다니던 학생이었다. 이 시기에 부모님께서 친척들, 친구분들과 서울 부동산값 상승에 대해 얘기를 나누셨던 기억이 난다. 부동산 시세가 급등하여 아쉬워하는 이야기가 대화의 주된 내용이었으며 이제 한국에서 부동산투자는 끝났다고들 하셨다.

2000~2001년은 IMF 경제위기를 극복해가던 시절이었다. 1990년대 후반 IMF 외환위기 시절에는 대한민국 경제 전체가 매우 어려웠고 부동산도 예외는 아니었다. 이때도 기성세대는 이제 대한민국에서 부동산으로 돈 벌 수 있는 시기는 끝났다고들 했다.

하지만 김대중 정권 시절, IT붐과 벤처붐을 타고 경기는 급속히 좋아지기 시작하였고 경제위기도 서서히 극복되었다. 하락이 컸던 만큼 상승도 컸는데, 가장 먼저 주식시장이 활활 타올랐다. IT붐으로 실제 기술역량이 부족한데도 과대평가를 받아 투자를 받은 알맹이 없는 벤처기업들이 많아지면서 IT붐은 버블이라는 의문이 생겼고 이것은 곧 2000년대 초반의 버블붕괴로 이어지게 된다.

닷컴버블붕괴로 코스닥, 코스피가 폭락하자 투자자들은 안정자산에 대해 높은 관심을 갖게 되었다. 시장의 넘치는 유동성과 주식투자로 재미를 본 경험이 있는 사람들, 그것을 목격한 사람들은 투자를 지속하고 싶어 했고 이번에는 부동산이라는 안전한 자산에 투자하는 것에 흥미를 느끼기 시작했다. 다음 기사에서 보듯이 아파트 분양에 사람이 몰리며 떴다방, 청약통장불법매매 등이 기승을 부리는 상황으로까지 이어진다.

## 부동산 투기조장 '떴다방' 기승

최근 아파트 분양이 잇따르면서 견본주택 주변에 임시사무실을 차린 뒤 즉석에서 분양권 등을 전매해 차액을 노리는 부동산 중개업자인 속칭 '떴다방'이 재등장했다.

X일 부동산업계에 따르면 떴다방은 최근 대우건설의 옛 하이트 맥주 공장부지에 짓는 아파트의 조합원 모집장에 처음 등장한 이래 최근 수도권 일대에 개장하는 견본주택 주변에서 기승을 부리고 있다.

〈연합뉴스〉, (1999년 3월 13일)

이어지는 다음 기사는 극심한 부동산 침체기에서 벗어나 조금씩 부동산 경기가 살아날 것이라는 예상을 담은 것이다.

## 2001 집값 하반기 기지개

이미 4년째 극심한 침체국면을 보이고 있는 부동산 경기는 올 상반기에도 지속될 예정이지만 하반기 전반적인 경기가 회복될 경우 기지개를 켤 수 있을 것이라는 게 전문가들의 대체적인 견해다.

아파트와 오피스텔, 주상복합, 단독주택 등 주택시장도 상·하반기 명암이 엇갈릴 것으로 보인다.

전망이 어두운 것은 전반적인 경기침체 속에서 신규주택 미분양분이 늘어나는 등 주택소비와 투자심리가 냉각되고 있기 때문이다. 그러나 서울과 수도권에서 주택공급량이 현저히 줄고 있는 가운데 전세·월세 가격이 상승세를 보이고 있어 올 하반기에는 집값이 꿈틀대지 않겠느냐는 전망도 조심스레 나오고 있다.

〈매일경제〉, (2000년 12월 31일)

이전까지는 서점에 주식 관련 서적이 많았는데 이때부터 갑자기 부동산 서적이 많아지게 된다. 이러한 현상은 2008년 서브프라임 모기지 사태 이후의 주식 폭락 그리고 2014년, 2015년부터 시작된 부동산 급등 시기에 다시 목격할 수 있다.

주식투자에서 유입된 부동산투자 수요는 2000년대 초에는 청약, 내 집 마련 등의 소극적 투자로 이어지다가 이후 부동산 상승기에 접어들면서 좀 더 본격적인 투자인 갭투자, 재건축·재개발 투자, 토지 투자, 상가 투자 등으로 확대되기 시작한다.

나는 어렸을 때부터 부모님이 부동산에 대해 얘기하는 것을 듣고 부모님이 더 좋은 거주지를 찾아 이사 다니시는 것을 보며 컸기 때문에 부동산 투자에 대한 확신이 있었다.

어렸을 때 살았던 개봉동 원풍아파트는 지금 현대홈타운이 되어있고 대치동 청실아파트는 지금의 대치래미안팰리스가 되었다. 부모님이 1986년 분양받아 입주했던 목동아파트에서 살면서 황무지 같던 도시가 개발되는 것도 지켜봤다.

2000년에 직장생활을 시작하면서 내 집 마련을 최대한 빨리 하는 것을 목표로 정했다. 일단 내 집 마련을 하면 직장생활에 집중할 수 있을 것 같았다. 이후 투자를 지속할지 안 할지는 나중의 문제였다. 모든 일은 일단 내 집 마련을 한 다음에 생각하고 싶었다.

목표는 '내 집 마련'이었고 전략은 '가급적 빨리'였다. 여러 재테크 서적이나 강의를 읽고 꾸준히 오래 투자할수록 유리한 재테크 복리효과의 중요성을 알게 되었기 때문에 크고 좋은 집은 아니더라도 가능한 집을 빨리 사기로 결심했다.

지난 부동산 가격의 흐름을 살펴보면 재미있는 점을 발견할 수 있다. 2000년대의 김대중, 노무현 정권은 진보정권이고 부동산 가격을 잡기 위해 노력했다. 그럼에도 불구하고 이 당시 부동산 가격은 크게 상승했다. 특히 노무현 정권 때는 수많은 규제정책을 내놓았음에도 불구하고 부동산 가격이 폭등했다. 오히려 보수정권인 이명박, 박근혜 정권 때에는 이전 정권이 내놓은 부동산 규제정책을 완화했지만 부동산 가격이 안정되는 아이러니한 상황이 펼쳐졌다.

바람과 태양이 나그네의 외투를 벗기자는 내기를 했는데 거세고 차가운 바람이 아닌 따뜻한 햇볕을 내리쬔 태양이 이겼다는 유명한 우화는 다들 알고 있을 것이다. 부동산 가격의 흐름도 이 이야기와 비슷한 점이 있다. 가격 상승을 저지하기 위해 규제를 내놓으면 시장은 반발하고 오히려 공급을 크게 늘리며, 세금 부담을 줄여 부동산 시장을 활성화시키면 가격 상승폭이 안정화되는 것을 과거를 돌아보면 알 수 있다.

# 월급쟁이에게 부동산투자는
# 선택이 아닌 필수

### 직장인이 부자가 될 수 있을까?

많은 사람들이 궁금해하는 질문이다. 월급만이 주수입이라면 근근이 일상생활을 영위할 수는 있어도 여유로운 부자가 될 수는 없을 것이다. 경제적 자유를 얻는 것은 더더욱 어려운 일이다.

그렇기에 많은 직장인들이 '헬조선'이라 말하면서 하루하루 쫓기듯이 다람쥐 쳇바퀴 도는 삶을 살아가고 있다. 하지만 직장인이라도 월급을 모아서 종잣돈을 만들고 투자를 지속적으로 반복하면 여유로운 삶을 살 수 있고 부를 축척할 수 있다.

현시점이 부동산투자에 적합한지 아닌지도 중요하지 않다. 부동산투자는 사이클이 있으므로 투자에 좋은 시절과 나쁜 시절이 분명 있다. 하지만 직장인 투자자는 항상 부동산투자에 관심을 가지고 있어야 기회가 왔을 때 자산증식을 할 수 있다. 문제는 투자, 특히 부동산투자는 학교에서 가르쳐 주지 않는다는 점이다. 주위에서 조언을 구하기도 힘든 경우가 대부분이다.

직장생활을 하면서 많은 사람들을 만났다. 똑같이 10년 직장생활을 했어도 어떤 사람은 순자산 3억원이 안 되고, 어떤 사람은 그 몇 배를 훌쩍 넘는 10억, 20억원의 순자산을 보유하고 있다. 부모님으로부터의 금전적 도움이 같다고 가정해보면, 이런 차이는 직장생활을 하면서 재테크, 투자를 병행하는지 여부에 따른 차이일 것이다.

직장인으로 치열하게 회사생활을 하며 시간을 쪼개 투자하는 것은 결코 쉬운 일이 아니다. 가끔은 잘못된 투자로 오히려 큰 손해를 보는 경우도 생길 수 있다. 하지만 직장인이 올바른 투자 마인드와 지식을 가지고 재테크를 지속한다면, 그렇지 않은 직장인과는 당연히 큰 차이가 있을 것이다.

## 월급쟁이는 투자를 해야만 한다

No Risk No Gain. 리스크를 감수하지 않으면 얻는 게 없다. 재테크 공부를 하고 경험을 쌓아서 리스크를 가능하면 작게 만드는 노력을 꾸준히 해야 한다. 이것이야말로 경제적 자유를 꿈꾸는 우리가 할 일이다. 평소에 재테크 쪽으로 눈과 귀를 열어두고 꾸준히 책을 보며 강의를 들으면 본인의 투자 능력치가 올라갈 것이고 자연스럽게 투자에 따른 리스크도 상당 부분 줄일 수 있다.

재테크와 투자는 사실 보통 이상의 삶을 살기 위한 필수 요건이라 할 수 있다. 월급쟁이도 회사생활과는 별개로, 투자 마인드와 지식을 준비하고 꾸준히 투자를 실행하고 반복한다면 분명히 평균 이상의 넉넉하고 여유로운 삶을 살 수 있다고 확신한다. 재벌 2세처럼 엄청난 부자까지는 아니더라도 분명 여유로운 삶이 가능할 것이고 여기에 약간의 운이 더해진다면 경제적인 자유도 얻게 될 것이다.

부동산 경기는 상승과 하락을 반복하고 장기적으로는 상승한다. 규제가 심할 때는 번 돈의 대부분이 세금으로 나가서 투자하는 의미가 없어질 수도 있다. 하지만 이런 세금 부담이나 시세하락의 걱정으로 부동산투자를 안 하는 것은 자본주의 사회에서 중하위층으로 살겠다는 것을 의미하는 것이나 마찬가지이다.

대부분의 부자들은 본인의 집을 소유하고 있고 추가적인 부동산에서 월세나 전세 수익을 얻고 있다. 하루라도 빨리 부자들의 선에 서는 것이 중요하다. 투자에 대한 목표를 설정하고, 꾸준히 실행하는 것만이 월급쟁이가 여유로운 삶을 살 수 있는 방법이다.

## 투자를 하는 사람과 안 하는 사람

나이 마흔이 넘어서까지 주식 매매나 부동산 매매를 한 번도 안 해본 분들이 있다. 이런 분이 있을까 싶은데 실제 꽤 많다는 사실에 놀라게 된다. 이런 분들의 선택을 존중하지만 투자는 안 하고 본인의 경제적 상황에 대해 불만만 많다면 앞뒤가 맞지 않는 것이다. 남녀를 떠나 이렇게 불평불만이 많은 사람들은 피해야 한다. 잘못하면 평생 같이 불평불만을 하면서 살아야 할 수 있기 때문이다.

앞으로 부동산 시장은 부익부 빈익빈 현상이 더 심해질 것이다. 서울의 집값은 더욱 오를 것이고, 단기적인 출렁임은 있을 수 있으나 장기적으로는 점진적으로 오를 것이다.

노력해서 서울에 집을 마련하기는 점점 더 힘들어진다. 다음 세대에는 더욱더 그렇게 될 것이다. 우리나라만 특이해서 그런 것이 아니고 전 세계 선진국 대도시에서는 이와 동일한 현상이 이미 있어왔고 우리나라도 그렇게 되고 있다.

그렇다고 미래에 본인 노력으로 내 집을 마련하는 것이 불가능하지는 않을 것이다. 다만 출퇴근이 수월한 위치에 있고, 학군이 좋고, 이웃들의 수준이 높고, 집 근처에 산책을 할 여건이 잘 조성되어 있는, 소위 남들이 다들 살고 싶어 하는 거주지의 집값과 매일 아침저녁으로 출퇴근에 많은 시간을 허비해야 하고 주거지로서의 가치가 떨어지는 동네의 집값은 그 차이가 더욱더 벌어질 것이다.

예전에 배우자를 찾을 때 배우자의 성품이나 능력을 최우선으로 보았다면, 이제는 부모의 경제력을 가장 우선으로 본다는 우스갯소리도 있다. 나를 위해서도 그렇지만 사랑하는 우리 아이들을 위해서도 투자를 통해 자산을 늘려가야 한다.

## 모든 것은 나의 선택

모든 결과에는 원인이 있다고 한다. 세상을 움직이는 가장 기본적인 이론이 '원인과 결과 이론(Cause And Effect Theory)'이다.

경제적 자유와 풍요로운 삶을 위해서 끊임없이 경제, 경영, 재테크를 배우고 주식 계좌를 만들어 공부하고 부동산 임장을 하고 강의를 찾아다니며 공부해야만 한다. 부동산 관련 책을 읽고 강의를 들었다면 거기서 끝내지 말고 실제 현장에 가서 보고 공인중개사무소를 방문해서 상담을 해야 한다. 책과 강의로만 알 수 없는 부분이 많기 때문에 현장에 가는 것은 책과 강의보다 중요하다. 이를 실행하는 사람과 그렇지 않은 사람들 사이에는 나중에 큰 차이가 있을 것이다.

살면서 지속적인 투자를 할지 안 할지는 본인들의 선택이지만 항상 돈 걱정을 해야 하는 삶에서 벗어나고 싶다면 투자는 필수이다.

 **카일의 투자 조언**

**하루 빨리 내 집을 가져라**

하루 빨리 무주택자에서는 벗어나야 한다. 1주택자는 무조건 되고 봐야 한다. 여유가 되면 언젠가는 2주택자도 되어보고, 지식을 넓혀 상가 등 다른 투자도 해보자.

현재 부동산 세금규제는 다주택자에게 무척 불리하다. 그럼에도 우리가 보는 대부분의 부자들은 다주택자들이다. 부동산 세금 중 가장 액수가 큰 양도세는 수익이 있어야 내는 세금이다. 보유세 강화는 초보 투자자들이 걱정할 수준은 아니다. 1주택은 무조건 보유해야 하고, 이후에 경제상황과 정부의 부동산 정책에 따라 다주택자가 될지 상가, 토지, 오피스텔 등에 투자할지 결정하면 된다.

# 월급쟁이 재테크,
# 부동산투자가 답이다

**부자가 되는 4가지 방법**

1. 부모님 재산 물려받기

2. 내 사업을 해 성공하기

3. 주식투자로 성공하기

4. 부동산투자로 성공하기

이러한 여러 가지 방법 중에 1번 부모님 재산 물려받기를 제외하면 현실적으로 부동산투자가 직장인에게 가장 안전하고 적절한 투자 방법이다. 내 사업을 일으키는 것도 좋은 방법이겠지만 쉽지 않은 일이다. 부동산투자로 부자가 될 수 있는 이유는 3가지로 설명이 가능하다.

## 1. 시간이 지나면 화폐가치가 하락한다

내가 어린 시절에는 짜장면이 500원이었고, 초코파이가 100원이었다. 지금은 예전보다 10배 이상 가격이 뛰었다. 부동산에 투자한다는 것은 금융자산이 아닌 실물자산에 투자하는 것이다. 돈은 정부가 만들어내고 찍어내는 종이다. 즉, 돈의 가치는 유한하지 않다.

시간이 지나면 부동산의 가격이 올라가는 것은 부동산 그 본질의 가치가 올라가기 때문이기도 하지만 화폐가치 하락이라는 이유도 있다. 화폐가치 하락으로 부동산의 가격이 크게 올라가는 것이다.

이러한 인플레이션 상황에 대처해야 하기 때문에 모든 자산을 금융자산으로 가지고 있는 것은 매우 위험한 일일 수 있다. 화폐가치 하락에 대비해서 실물자산인 부동산에 투자하는 것은 자산을 지키는 바람직한 투자 방법이다.

현금 1억원이 있을 때 A는 은행에 저금하고 B는 전세를 끼고 부동산을 매수했다고 하자. 향후 이 둘은 꽤 다른 결과를 얻게 된다. 대부분의 아파트가 10년, 20년 전과 비교했을 때 가격이 올라있다. 가격이 안 올랐다면 희귀한 케이스이고 부동산 물건 선정을 크게 잘못한 것이다. 부동산 투자는 부동산 시세가 오를 것을 기대한 방법이기도 하지만 화폐가치 하락에 따른 자산 하락을 막기 위한 방법이기도 하다.

## 2. 부동산투자는 기본적으로 장기투자

바쁜 직장인에게 잦은 매매는 업무에 방해가 된다. 직장인 투자자에게는 투자도 좋지만 회사일이 먼저이다. 그래서 직장생활 초기에는 투자보다 회사일에 집중하며 종잣돈 모으는 데 힘써야 한다.

주식도 해야 한다. 하지만 주식은 특성상 잦은 매매를 유도하게 된다. 시세 확인이나 매매를 자주 하다 보면 회사일에 집중할 수가 없다. 업무시간에 주식 시세를 확인하다 상사로부터 혼이 나면 업무가 잘 되지 않을 것이고 주식투자에도 집중하지 못하고 회사업무도 잘 하지 못하게 되는 악순환으로 이어질 것이다.

직장인들은 주식투자도 단타보다 우량주 장기투자를 하거나 매월 적금처럼 사는 방식으로 해야 업무에 방해받지 않고 할 수 있다. 따라서 주가지수에 투자하는 인덱스펀드나 코덱스레버리지, 해외우량주 주식을 추천한다. 장기투자로 일정금액으로 꾸준히 적금처럼 주식을 매수하고 시세 조회는 아주 가끔만 하도록 하자. 주가지수가 좋을 때는 본인이 스스로 정한 매달 적립액을 투자하고 주가지수가 내려가면 10%, 20%, 30%씩 더 투자한다.

부동산은 주식에 비해 매매 자체가 수월하지 않다. 절차도 매우 번거롭고 복잡한 데다가 매매 과정에서 세금 및 비용도 발생하며 신경 쓸 것도 많다. 그래서 부동산은 잦은 매매가 힘들고 매매에 따른 여러 업무가 발생한다. 이는 단점이지만 큰 장점으로도 볼 수 있다. 단기매매 자체가 힘들어 강제적인 장기투자를 하게 된다.

부동산도 단기로 매매하는 분들을 볼 수 있는데 이는 직장인 투자자가 따라하기 힘들다. 직장인은 장기투자로 시세상승과 임대수익이 가능한 물건에 투자해야 한다. 잦은 매매를 할 시간에 회사업무에 집중하는 것이 좋다.

## 3. 임대수익과 시세차익 두 가지를 만족시킬 수 있다

직장을 다니는 모든 사람이 언젠가는 직장을 그만두게 된다. 현재의 삶을 돌아봐도, 또 은퇴 후를 생각해도 월급은 항상 부족한 느낌이다. 은퇴를 대비해 월세 소득을 만들어 두자. 당장 월세가 안 나오더라도 월세가 나올 수 있는 부동산을 사서 전세를 주었다가 나중에 천천히 월세로 변환하면 된다.

직장생활을 하면 퇴직 시 매달 나오는 연금을 강제적으로 준비하게 된다. 국민연금, 퇴직연금 두 가지는 기본적인 것이고 강제적이다. 여기에 연말정산 시 세금혜택을 볼 수 있는 IRP(개인형퇴직연금)도 많은 직장인이 가입하며 이것은 선택이다. 여유가 되는 사람들은 여기에 하나 혹은 두 개 정도 연금을 더 가입한다. 이렇게 회사생활을 하면 적게는 2개 혹은 많게는 3~5개의 연금을 준비하게 된다. 그러나 이것만으로는 부족하다. 월세도 받아야 한다.

실거주아파트가 있고 연금을 3~4개 정도 준비하며 월세가 나오는 아파트나 오피스텔, 상가를 준비해두면 삶이 훨씬 안정적이고 직장생활도 더 재미있게 할 수 있을 것이다.

직장인 투자자로서 중요한 것은 우선 직장에서 커리어를 쌓는 것이다. 직장을 다니면서 연금으로 노후준비를 해야 하며, 부동산투자를 통해 시세상승이 예상되는 부동산과 매월 월세가 나오는 부동산을 보유해야 한다. 다시 말하면, 직장 다니며 열심히 일해 꾸준히 근로소득을 만들고, 이를 부동산에 투자해 임대수익과 시세차익용 부동산으로 변환하는 작업을 지속하면 경제적 자유에 점점 가까워질 수 있다. 부동산투자는 직장인에게 딱 맞는 재테크 방법이다.

**카일의 투자 조언**

### 부동산투자로 잃지 않는 투자를 하라

주식투자의 대가 워런 버핏은 가장 좋은 투자는 수익이 큰 투자가 아니라 잃지 않는 투자라고 했다. 부동산투자를 할 때 큰돈을 버는 것을 목표로 하는 것은 내가 좋아하는 방향이 아니다. 매수한 부동산 가격이 그저 크게 떨어지지 않기를 바라고 매수하는 것이 마음 편하고 바람직한 방향이다.

20년 동안 부동산 시장에 관심을 가지고 보니 실상 20년 중에 절반의 기간 동안만 크게 시세상승이 이루어졌다. 나머지 절반의 시간 동안 부동산 시세는 하락도 하고 정체도 했다. 하지만 하락과 정체기를 지나서 부동산 가격이 오를 때는 그전과 비교할 수 없는 수치까지 올라가는 것을 볼 수 있다. 하락과 정체기가 무서워 부동산투자를 등한시하는 사람은 이 타이밍을 잡기가 결코 쉽지 않다. 즉 상승 타이밍을 절묘하게 잡는 것은 쉽지 않은 일이고 이런 생각 자체가 좋지 않다.

부동산투자는 투자한 돈의 수익률로 생각하면 투자 성과가 그리 좋지 않을 수도 있다. 그럼에도 불구하고 부동산투자가 월급쟁이에게 좋은 이유는 돈을 부동산에 묶어둘 수 있기 때문이다. 부동산으로 묶어둔 돈은 시간이 지나면 화폐가치 하락과 부동산 시세상승으로 생각보다 더 좋은 결과로 돌아올 가능성이 크다.

돈은 휘발성이 강하다. 유동성자금을 보유하면 여기저기서 빌려달라는 사람들도 있고 소비도 커지게 된다. 그래서 부동산에 돈을 묶어두는 것이다. 수익이 별로 안 좋을 것 같고 그저 현상유지만 하기를 바랐던 부동산이라도 오랜 시간이 지나면 꽤 괜찮은, 생각보다 큰 수익을 안겨준다.

# 월급쟁이의
# 부동산투자 첫걸음

## 어떻게 부동산투자를 시작할까?

직장인이 바쁜 회사일을 하며 시간을 쪼개서 업무 외의 시간에 재테크를 하는 것은 매우 힘든 일이다. 이것이 가능하려면 재테크에 흥미가 있어야 하며 목표를 설정해야 하고 투자 지식과 원칙이 있어야 한다.

### 1. 부동산투자를 취미처럼 즐긴다

부동산투자는 재미있는 취미생활이 될 수 있다. 일을 하거나 돈을 번다는 느낌 없이 여행 다니고 즐긴다는 마음으로 가볍게 여러 곳을 둘러보는 것이다. 산책을 좋아한다면 부동산투자에 딱 적당한 성향이다. 부동산 재테크는 여러 지역을 돌아다니며 조사하는 임장 활동이 필수이기 때문이다.

정보를 확인하기 위해 임장을 다니며 새로운 지역, 새로운 환경, 새로운 사람들을 만날 수 있다. 서울에서 좋다는 동네, 예를 들어 대치동, 반포의 아파트를 둘러보고 단지 내도 산책하면서 거기 사는 사람들을 관찰해보자. 개발 지역이 있으면 실제 방문해서 개발 전후의 모습을 보는 것도 재미난 일이다. 가끔은 근처 부동산에 가서 매수자처럼 정보도 열심히 물어보고 커피도 한잔 얻어 마셔보자.

인테리어나 가구를 좋아하는가? 역시 부동산 재테크에 딱 적합한 성향이다. 부동산 재테크를 위해 여러 집을 방문하고 모델하우스를 살펴보다 보면 매수한 집의 인테리어를 어떻게 해야 할지 머릿속에 그려진다. 분양하는 아파트 현장도 구경하자. 새 아파트의 시설이나 구조도 보고 인터넷 커뮤니티도 구경한다. 모델하우스는 인테리어 보는 재미가 쏠쏠하고 최신식 아파트는 어떤 새로운 시설을 갖추고 있는지를 볼 수 있다. 나는 예전에 데이트할 때도 데이트 코스로 모델하우스나 아파트 현장을 많이 다녔다. 지금은 업무 차 외근을 나갈 때 미리 도착해서 주변의 아파트 단지들이나 상권을 둘러보고는 한다.

부동산에 관심 있어 하는 동료들을 만나 서로 의견을 나누는 것도 재미있는 일이다. 무엇보다 내 부동산이 생기고 매달 월세가 들어오면서 시세차익으로 자산이 늘어나는 것을 보는 재미가 최고이다.

## 2. 투자 목표를 설정한다

인생을 편하고 풍요롭게 사는 방법 중 하나는, 꾸준한 목표 설정이다. 목표를 설정하고 실행하는 것을 반복하면 인생이 자연스럽게 나은 방향으로 갈 것이다. 많은 사람들이 행복해지려고 하지만 부자가 되려는 욕심,

돈에 대한 욕구를 표현하거나 얘기하는 것은 꺼려한다. 거리낌 없이 돈이 좋다고 표현해보자. 그리고 돈 모으는 재미에 빠져보자. 주변에 재테크를 잘하는 사람이나 부자가 있으면 적극적으로 조언을 구해야 한다. 도움을 청하지 않는 자를 도와줄 리 없으며, 대부분의 사람들은 자신에게 도움이나 조언을 청하는 사람들에게 조언하는 것을 즐긴다.

아예 돈이 없다면 투자를 위한 종잣돈 마련이 목표여야 하고, 종잣돈이 마련되었다면 첫 번째 투자가 목표일 것이다. 투자 목표는 내 집 마련, 혹은 투자용 아파트, 상가, 오피스텔 구매 등 구체적이어야 한다.

목표가 설정되었다면 그 목표를 노트에 쓰고, 자주 읽고, 적어둔 것을 잘 보이는 곳에 두거나 안주머니에 넣어 부적처럼 가지고 다니자. 목표를 지속적으로 스스로에게 각인하는 좋은 방법이 될 것이다.

## 3. 투자지식을 쌓고 나만의 투자원칙을 만든다

투자에 대한 지식을 쌓는 방법은 학교에서 배우는 방식과는 좀 다르다. 일단 경제에 대한 기본 지식이 필요하다. 또한 투자를 위한 재무관리를 익혀야 하고, 투자 방법과 물건 보는 법을 익혀야 한다. 이는 뒤에서 자세히 살펴보겠다.

더 중요한 것은 나만의 투자원칙을 만들어야 한다는 점이다. 투자의 세계는 위험하기 때문에 지식을 쌓는 것뿐 아니라 최소한 실패는 하지 않도록 투자원칙을 정립하는 것이 매우 중요하다. 투자지식이 공격이라면 투자원칙은 방어라고 할 수 있다. 여러 가지 공격법도 알아야 하지만 나를 보호할 수 있는 방어 기술도 꼭 필요하다. 특히 투자자로서 오랫동안 살아남기 위해서라도 꼭 투자원칙을 세워야 한다. 참고로 나의 투자원칙

중 일부분을 공개하면 아래와 같다.

1. 수입의 40%는 투자금으로 강제 저금한다.

2. 현금유동성을 자산의 10%로 확보한다.

3. 플러스 현금흐름을 유지한다.

# 종잣돈은
# 투자의 준비이자 시작이다

## 투자를 위한 종잣돈 모으기를 시작하다

사회생활을 시작하면서 회사에서 선배들이 쉬는 시간에 삼삼오오 모여 부동산투자, 분양권 투자에 대해 얘기하는 것을 자주 들을 수 있었다. IMF 외환위기 때 경제적인 어려움을 경험한 나는 돈을 많이 벌고 싶은 욕구가 컸기 때문에 선배들의 이야기를 귀 기울여 들었다. 어려웠던 시절 거주할 곳이 없어 여기저기를 전전했던 기억 때문인지 무엇보다 내 집 마련을 빨리 해서 안정적인 생활을 하고 싶은 마음이 절실했다.

재테크에 대해 알고 싶어 서점에 가서 재테크, 돈에 대한 책을 사서 무작정 읽기 시작했다. 그 당시에는 인터넷에 재테크 커뮤니티가 거의 없었기 때문에 책을 읽는 것 외에는 다른 방법이 생각나지 않았다.

마침 재테크 관련 서적들이 많아지던 시절이었다. 2000년에 출판된 베

스트셀러 《부자 아빠 가난한 아빠》를 읽고 이후에 쏟아져 나온 많은 재테크와 자산관리 서적을 읽었다. 이 재테크 책들에는 물론 좋은 내용이 많이 있었지만, 공통적인 메시지는 아주 단순했다. 투자를 위한 종잣돈을 빨리 마련해서 투자를 시작하라는 것이었다.

우선 종잣돈부터 모아야 한다. 돈이 돈을 번다는 말을 많이 들어봤을 것이다. 돈이 없는 상태에서 어느 정도의 투자금을 마련하기 위해서는 독해져야 하고 힘든 시기를 보내야 한다. 나 역시 투자를 위해 종잣돈을 모으기로 결심한 이후 힘든 시간을 보냈다.

1997년 IMF 외환위기 때 아버지 사업이 부도가 나면서 가족이 뿔뿔이 흩어지게 되었다. 대학생이었던 나는 거주할 곳이 없어서 친척집과 친구들 집을 전전해야 했다. 그래서인지 집에 대한 절실함이 더욱 큰 것 같다. 다행히 대학 졸업 전에 취직이 되어 남들보다 일찍 돈을 벌 수 있었다. 종잣돈 마련을 위해 아침에 도시락을 직접 싸서 출근하면서 아끼고 또 아꼈다. 빨리 돈을 마련해서 작지만 마음 편한 내 공간을 가지는 게 꿈인 시절이었다.

처음에는 1천만원 모으는 것이 목표였다. 처음 1천만원을 모으고 그 다음 1억원을 모으기까지가 가장 힘들다. 그 이후로는 돈이 돈을 벌기 때문에 돈을 불려가는 것이 점점 쉬워진다.

종잣돈을 만들던 시절을 기억해보면 무척이나 궁상맞게 지냈던 것 같다. 수입의 50%를 무조건 저금하고 나머지 돈으로 생활하려니 할 수 없는 것들이 많았다. 데이트를 할 때도 과다지출을 피하려고 공원이나 고궁 산책을 하거나 등산을 갔다. 모델하우스도 데이트 코스 중의 하나였다. 친구들이 여행을 가자고 해도 거절하였고 비싼 옷도 잘 안 샀다. 차도 친구들보다 늦게 구매한 편이다. 친구들과 여행을 가지 못했던 것은 지나고 나서 보니 아쉽기는 하다. 하지만 종잣돈을 모아서 투자를 해야 한다는 목표가 있었고 돈 모으는 재미가 쏠쏠했기에 그리 힘들지는 않았다.

한 번은 '인생은 한방'이라는 생각을 가진 친구 K와 돈 불리기에 대해 밤 늦게까지 토론한 적이 있다. 크지 않은 돈이라도 매달 월급의 일정 부분을 저금하고 몇 년 후 그 종잣돈을 바탕으로 투자하는 것을 반복한다고 가정하면 연 수익률을 10%씩 복리로 잡아도 20년, 30년 흐른 후 꽤 부자가 되는 것이 확실했다. 이것을 엑셀로 계산해 K에게 보여주었지만 친구 K는 그런 푼돈으로 어떻게 부자가 되느냐고 하였다. 시간이 많이 지난 지금 친구 K의 자산은 안타깝게도 예전이나 지금이나 크게 달라지지 않았다.

종잣돈을 모아 꾸준히 투자를 한 사람의 자산 규모가 점점 커지는 것은 당연한 일이다. 나는 돈을 벌기 시작하면서 소비도 커지는 주위 사람들을 보면서 지금은 비록 좀 궁색하게 살고 있지만 투자를 위한 종잣돈을 키워가고 있으니 시간이 흐른 뒤에는 그들보다 더 안정된 삶을 살 것이라는 믿음을 가지고 참았다. 다행히 현재까지 생각하고 믿어왔던 대로 되고 있다.

돈이 모일수록 돈을 모으는 것은 점점 더 쉬워진다. 이것은 종잣돈이 커질수록 투자 규모가 커져서 그런 것도 있겠지만 종잣돈을 모으는 습관이 붙고 노하우가 생겨서 그런 것일 수도 있겠다. 모든 것은 시작이 반이고 처음이 가장 어려운 법이다.

## 근로소득은 종잣돈 마련의 가장 첫 번째 원천이다

소득을 얻는 가장 일반적이고 쉬운 방법은 회사에 다니는 것이다. 많은 대학생들의 목표는 학교를 졸업하고 남들처럼 좋은 회사에 취업하는 것이다. 우선 취업을 해야 한다. 가능하면 크고 안정적인 회사가 좋은 것은 물론이다. 처음부터 대기업이 힘들다면 중소기업에 일단 취직해서 커리어를 쌓으며 종잣돈을 모으면 된다. 회사에 취직해서 받는 근로소득은 투자를 위한 종잣돈이고 일하며 만나는 사람들은 앞으로 인생을 함께 살아갈 든든한 지원군이다.

젊은이들이 "좋은 일과 잘하는 일 중에 어떤 일을 해야 하는가?"라고 자주 묻는데 내가 좋아하는 답변은 "우선 돈 되는 일부터 하라!"이다. 대학을 졸업하면 경제적인 독립을 위해 직장을 얻어서 가능하면 하루라도 빨리 종잣돈을 모아야 한다. 잘하는 일, 좋아하는 일로 고민하는 것보다 우선 돈 되는 일을 하면서 그 일을 잘하고 좋아하도록 노력해보기 바란다. 개인적으로 사회에 나왔다면 좋아하는 일을 하는 것보다는 경제적인 자립이 우선이라고 생각한다.


## 사회초년생이라면 일단 회사업무에 집중하자

처음 회사생활을 할 때는 사실 바빠서 재테크에 신경 쓰기 어렵다. 사회생활을 시작하면 우선 회사업무에 적응해야 하기 때문이다. 회사업무도 익숙하지 않은 상황에서 재테크에 몰입하면 이도 저도 안 된다. 그래서 회사업무와 재테크 중 무엇이 더 중요하냐고 물으면 나의 답변은 항상 회사업무이다. 처음 1~2년 회사생활을 할 때는 적응하느라고 정신이 없을 것이다. 이때는 우선 살아남아야 하니 열심히 회사일에 집중해야 한다. 개인적으로 사회초년생, 오래 근무한 사람 할 것 없이 직장인 투자자에게는 투자보다 회사일이 더 중요하다고 생각한다. 직장생활을 처음 시작하면 대부분 살이 찐다. 일하다 보면 운동할 시간은커녕 심하면 화장실 갈 시간도 없기 때문이다. 회사 다니며 영어공부를 하거나 야간 대학원을 가는 것은 직장생활 초기에는 엄두도 내지 못한다. 일단 업무를 충분히 익혀 회사에서 살아남기 위해 최선의 노력을 해야 한다.

사회초년생 단계에서도 첫 번째로 실행해야 하는 투자원칙이 있기는 하다. 투자원칙은 본인이 만드는 것이지만, 아래의 투자원칙만은 사회초년생일 때부터 꼭 지키기 바란다.

## 월급의 일정 부분은 우선 강제 저금하고 남는 금액으로 생활한다

월급의 50%면 가장 좋지만, 이것이 힘들다면 자기 상황에 맞게 30~50%로 비율을 정해서 강제 저축을 하기 바란다. 월급이 들어오면 정해둔 비율로 일단 저금해야 한다. 쓰고 남는 돈을 저금하는 것이 아니라, 먼저 저금하고 남는 금액에 맞게 생활하는 것이다. 즉, 생활비는 저금하고 남는 돈으로 써야 한다. 저금한 금액은 절대 손대지 않는다. 이렇게 저금하고 남는 금액으로 살게 되면 과소비를 방지할 수 있고 사용할 수 있는 돈이 적기 때문에 월급을 올리기 위해 더 열심히 살게 된다.

통장도 따로 만들어야 한다. 저금한 돈이 쌓이는 통장을 따로 만들되 이 통장에 들어있는 돈은 투자를 위한 것이므로 절대 소비를 위해 인출하지 않는다. 카드도 가급적 직불카드를 사용해야 한다. 신용카드는 혜택 때문에 쓸 수는 있으나 쓰는 대로 바로 사용 금액만큼 카드대금이 인출되

는 통장에 이체해두기 바란다. 카드대금 인출 통장도 따로 만들어두어야
한다. 매월 저금하는 통장과 카드대금이 인출되는 통장은 별도로 만들어
그 용도로만 사용한다. 이렇게 하면 시간이 지날수록 종잣돈이 늘어날
수밖에 없다. 또한 카드대금 때문에 쩔쩔맬 일도 없을 것이다.

종잣돈은 투자의 시작이다. 종잣돈 만드는 습관은 평생 가져가야 한다.
많이 번다고 높은 비율을 저금할 필요도 없다. 나중에 월급이 올라서
70~80% 이상 저금이 가능해도 스스로 약속했던 50%만 저금하고 나머
지 돈은 본인과 주위를 위해서 사용하도록 하자. 중요한 것은 종잣돈을
모으는 습관과 원칙을 정하고 어떤 일이 생겨도 이를 지키는 것이다.

# 월급쟁이 부동산투자의
# 5단계 프로젝트

## 부동산투자의 효과적인 프로세스

회사에서 일을 할 때 주어지는 대로, 남이 시키는 대로 목표 없이 일을 하면 좋은 결과가 나오기도 힘들고 그 과정에서 본인의 스트레스도 무척 크다. 효과적으로 일을 하려면 우선 목표를 설정하고, 논리적이고 순차적인 업무 순서대로 실행해야 한다.

영업에도 효과적인 프로세스가 존재한다. 세일즈 7스텝, 세일즈 프로세스 프레임워크 등 여러 가지 영업 프로세스 툴이 있다. 좋은 영업사원이 되기 위해서는 영업을 잘하는 선배를 따라 해야 하며 이런 툴을 익혀야 한다. 영업만이 아니라 모든 업무에서 논리적이고 순차적으로 일을 해야 좋은 결과를 얻을 수 있다.

이것은 부동산투자에서도 마찬가지이다. 우선 목표를 세워야 한다. 예를 들어 '30억 부자' 혹은 '아파트 5채' 등으로 구체적인 목표를 세우면 더 좋다. 그리고 목표 달성을 위해 논리적이고 순차적인 부동산투자 프로세스를 따라서 실행한다.

직장인으로서 부자가 되는 방법은 사실 간단하다. 반복해서 이야기하지만 월급을 꾸준히 모아 종잣돈을 만들고 이 종잣돈으로 투자를 꾸준히 반복하는 것이다. 시간이 지나면 늘어나는 자산을 확인할 수 있을 것이다. 간단하지만 실행하는 사람과 실행 안 하는 사람의 차이는 매우 크다. 20년 가까이 부동산투자를 하면서 나름 직장생활과 재테크를 병행하기 위한 5단계 프로세스를 정리하게 되었다. 이는 내가 지금까지 직접 해온 프로세스이다. 지금 투자를 하려는 직장인이라면 이 프로세스만 잘 따라 해도 부자가 될 수 있을 것이다.

종잣돈이 준비되지도 않은 사람이 부동산을 추천해달라고 하면 일단 종잣돈부터 모으고 자산관리도 익힌 다음에 부동산투자를 하라고 권유한다. 모든 일에는 순서가 있다. 반면 부동산이 너무 많은 사람은 일단 투자에 브레이크를 걸 필요가 있다. 본인의 자산을 점검하고 무리한 투자는 아닌지 재검토해보고, 하락기 리스크를 줄이도록 노력해야 한다.

## 월급쟁이 부동산투자 5단계 프로젝트

### 1단계. 종잣돈 모으기

투자보다 종잣돈 모으기가 먼저이다. 1억원이면 좋고 최소 5천만원은 모아야 한다.

### 2단계. 자산관리 시작하기

투자 전에 자산관리에 대한 개념 확립이 필수다. 재무상태표, 손익계산서, 현금흐름표를 이해하라.(274쪽 참고)

### 3단계. 부동산투자 공부하기

책이나 강의를 통해 부동산 공부를 해야 한다.

### 4단계. 부동산투자 실행하기

이제 투자를 해도 좋다. 투자의 시작은 내 집 마련이다. 무주택자에게는 내 집 마련의 시기가 중요하지 않다.

### 5단계. 부동산투자 지속하기

투자를 지속적으로 실행하며 이를 위해 세금을 이해하고 활용한다.

# 레버리지,
# 대출을 유연하게 이용하라

## 대출에 대한 시각부터 바꿔라

월급쟁이 투자자라면 대출에 대한 시각부터 바꿀 필요가 있다. 투자자들은 대출을 일반인처럼 무서워하지 않는다. 오히려 어떻게 하면 대출을 더 받아 투자수익률을 높일 수 있을까를 연구한다.

이 세상 모든 부자의 자산에는 대출이 있다. 여러분이 보는 모든 빌딩에는 거의 대부분 대출이 껴있다. 부자들은 돈이 있음에도 불구하고, 대출을 받지 않고 빌딩을 살 수 있음에도 불구하고 대출을 받아 빌딩을 구매한다. 부자들은 대출이라는 레버리지를 이용하여 순자산으로 살 수 있는 것보다 조금 더 좋고 조금 더 많은 수의 부동산을 매수하여 수익을 높인다. 보유 부동산의 가치가 오르면 추가로 담보대출을 받아 다른 부동산에 재투자하기도 한다. 영리한 부자들은 대출을 받아도 현금 유동성을 일정 부분 확보함으로써 유동성 위기에 빠지지도 않는다.

## 지출에는 좋은 지출과 나쁜 지출이 있다

미래의 나에게 도움이 되는 지출은 좋은 지출, 가치 있는 지출이다. 예를 들어 책을 사는 비용, 강의를 듣는 비용, 나의 이미지를 높이기 위해 옷을 사는 비용 등은 좋은 지출이다. 시세차익이나 임대소득을 위해 부동산을 사는 것도 당연히 매우 좋은 지출이다. 나쁜 지출은 좋은 지출을 제외한 모든 지출, 지나서 후회하는 지출이다.

대출에도 좋은 대출과 나쁜 대출이 있다. 내 자산이 늘어나는 방향의 대출은 좋은 대출이고 이것을 레버리지라고 부른다. 내 자산이 줄어드는 대출은 나쁜 대출이고 절대 삼가야 하는 나쁜 빚이다.

내 집 마련을 할 때 내 순자산이 2억원이라면, 대출 없이 2억원 안에서 빌라를 사는 것보다 약간의 대출을 받더라도 시세상승의 가능성이 더 높은 아파트를 사는 것이 낫다.

월세수익을 위한 부동산투자를 할 때 대출을 안 받으면 실제 투자금이 많아져 수익률이 나빠진다. 1억원만 있다고 가정해보자. 임대수익을 염두에 두고 부동산투자를 할 때 1억원짜리 오피스텔 한 채를 사는 것보다 대출을 받아 더 수익성 있는 오피스텔을 사서 월세로 대출 이자를 내고 나머지 돈으로 또 다른 부동산을 매입하는 것이 더 나은 방법이다. 이런 경우 대출을 이용하여 실투자금을 줄이고 수익률을 높일 수 있기 때문이다. 다음 표를 보고 수치적으로 확인해보자.

오피스텔 및 상가 대출은 1년 혹은 3년 단위로 받고 그 후 1년마다 자동연장을 하게 된다. 특별히 신용상태가 나빠지거나 대출이자를 연체하지 않는 한 대출은 연장되니 큰 걱정은 안 해도 된다.

| 대출 여부 | 매수 가격 | 대출 | 대출이자 (3%) | 보증금 | 월세 | 실투자금 | 연수익 |
|---|---|---|---|---|---|---|---|
| 대출 없음 | 1억원 | 없음 | | 1,000만원 | 50만원 | 9,000만원 | 600만원 |
| 대출 있음 | 1억원 | 4,500만원 | 135만원 | 1,000만원 | 50만원 | 4,500만원 | 465만원 |
| | 1억원 | 4,500만원 | 135만원 | 1,000만원 | 50만원 | 4,500만원 | 465만원 |
| | 합계 | | | | | 9,000만원 | 930만원 |

대출 이용 유무에 따른 부동산투자의 수익 차이

대출을 너무 쉽게 생각하고 감당 못할 정도로 대출을 많이 받는 것은 분명 큰 잘못이겠지만 투자를 하면서 대출이라는 레버리지를 이용하지 않는 것은 자산을 늘릴 기회를 스스로 포기하는 것이다.


## 전세라는 레버리지를 활용하라

세입자로부터 받는 전세보증금은 대출이나 마찬가지이다. 언젠가는 세입자에게 내주어야 하는 돈이다. 대출은 금융권에서 빌리고 이자가 있다면 전세보증금은 세입자에게 빌리는 것으로 이자가 없다. 은행처럼 까다롭게 심사를 하지도 않는다. 돈을 빌리는 데 이자가 없다니 이렇게 좋은 대출이 또 없다. 그러나 이렇게 좋은 전세 제도도 과도하게 이용하여 무리한 투자를 하게 되면 역전세를 맞게 되고 밤에 잠을 못 자게 될 수도 있으니 조심해야 한다. 모든 것은 상식적으로 진행해야 문제가 없다.
집값이 1억원이라면 전세금은 60~70% 정도인 6~7천만원이 상식적이다. 투자를 위해 무리하게 8~9천만원의 전세금을 받아 계약을 하게 되면 당장은 실투자금이 적을 수 있지만 다음에 재계약할 때 마땅한 세입자를 찾지 못하면 전세금을 낮추어야 하는 스트레스를 받을 수도 있으므로 무조건 전세금이 높은 것이 좋은 것만도 아니다.

가장 중요한 건, 본인 스스로 대출을 통제하고 관리할 능력과 실력이 있어야 한다는 점이다. 대출에 대한 투자원칙을 정하고 이를 지킬 수 있는 마음이 필요하다. 또한 어느 경우에나 현금 유동성은 매우 중요하다. 현금 유동성 확보 없이 여러 대출로 자산만 늘리는 것은 바보들이나 하는 짓이다.

 **카일의 투자 조언**

**무주택자라면 알아야 할 것**

1. 청약은 내 집을 마련하는 방법 중 가장 수익이 좋은 방법이다.
2. 하지만 청약 가점이 낮은 사람은 청약에 당첨될 확률이 로또처럼 적다.
3. 진입 시기나 타이밍 고민은 다주택자들이나 하는 것이다. 무주택자는 타이밍 고민을 할 필요가 없다.
4. 가능한 여건이 되면 너무 고민하지 않고 매수하는 것이 답이다.

# 본격적으로
# 부동산 공부를 시작하다

## 투자의 준비는 공부에서 시작된다

본격적인 부동산투자에 앞서 필요한 지식을 쌓자. 투자 관련 책을 읽고 강의를 통해 지식을 쌓으며, 많은 고수와 전문가를 직접 만나서 시장에 대한 견해를 듣기도 해야 한다. 이 과정을 통해서 나만의 투자원칙을 만들고 다양한 투자법을 익힐 수 있다. 더불어 대출, 세금에 대한 지식도 필요하다.

일단 대표적이고 인기 있는 부동산 책을 읽고, 유명 강사의 강의를 들어보기 바란다. 어떤 책을 읽어야 할지 모르겠다면, 온라인 서점에서 베스트셀러에 올라있는 책들부터 읽어보자. 그럼 다음에 읽어야 할 책의 방향성을 갖게 될 것이다.

요새는 유튜브에 많은 정보가 올라와 있으니 유튜브를 통해서도 부동산

관련 수업을 많이 들을 수 있다. 하지만 유튜브에는 기초적인 내용이 대부분이고 광고 때문에 불편하니 유명 부동산 인터넷 커뮤니티에서 하는 정규수업을 듣는 것이 훨씬 낫다. 수업을 듣고 뒤풀이도 참석하면 많은 사람들을 만나고 인맥도 형성할 수 있다. 회사에서는 직장동료나 거래처 사람들과 부동산투자와 관련해 의견을 나누기 힘들 수 있다. 부동산 강좌 뒤풀이를 이용하면 거리낌 없이 부동산투자에 대한 의견을 나누고 정보를 공유할 수 있다. 함께 공부하고 투자하는 사람들을 보면 동기부여도 될 것이다.

---

**부동산투자에 도움을 준 책 BEST 10**

1. 《부자 아빠 가난한 아빠》(로버트 기요사키 저)
2. 《아기곰의 재테크 불변의 법칙》(아기곰 저)
3. 《부동산투자의 정석》(김원철 저)
4. 《나는 오늘도 경제적 자유를 꿈꾼다》(청울림 저)
5. 《나는 부동산과 맞벌이한다》(너바나 저)
6. 《저는 부동산경매가 처음인데요》(신정헌 저)
7. 《나는 월세 받는 직장인이 되기로 했다》(오은석 저)
8. 《투에이스의 부동산 절세의 기술》(김동우 저)
9. 《꿈장사의 월세혁명》(조영환 저)
10. 《돈 버는 사람은 분명 따로 있다》(이상건 저)

---

지도도 가까이 두고 자주 보자. 내가 관심 있는 동네가 서울 전체를 봤을 때 어디에 위치하는지 알고 있는가? 왜 용산이나 압구정이 좋은 입지라고 하는지 지도를 보면 알 수 있다. 지도만 열심히 봐도 부동산에 대한 지식이 늘어난다.

PC로 네이버, 다음 같은 사이트에서 제공하는 지도를 자주 보고, 가능하면 '서울시개발계획총괄도'를 사서 방에 걸어두는 것도 좋은 방법이다. 이 지도에는 앞으로 생길 GTX(수도권광역급행열차)나 뉴타운 등에 대한 정보가 수록되어 있다.

나의 방에 걸려있는 '서울시개발계획총괄도'

나는 지도 보는 것을 좋아하고 지도를 보면서 사람들과 얘기 나누는 것도 무척 좋아한다. 만약 지도 보는 것을 좋아한다면, 부동산투자하는 데 유리하다고 할 수 있다.

## 월급쟁이는 부동산 전문가가 될 필요는 없다

직장생활을 병행하는 상황이라면 군이 전문가가 될 필요는 없다. 아주 전문적인 지식이 필요할 때는 전문가들을 활용하면 된다. 직장인 투자자는 직장일과 투자를 병행하느라 항상 바쁘다. 특출한 재능이 있어 전업투자자, 투자 전문가가 될 수도 있겠지만 전업투자자보다는 직장 다니며 투자하는 것이 훨씬 리스크도 적고 재미있는 일상생활도 누릴 수 있다.

투자를 할 때는 모든 것에 대해 너무 자세히 알 필요도 없다. 기업의 CEO가 모든 것을 알지는 못하더라도 가장 중요한 의사결정을 하는 것처럼 직장인 투자자로서 의사결정은 본인이 하고 의사결정을 잘하기 위해서 여러 정보를 참조하면 된다. 투자를 할 때 도움을 받을 수 있는 전문가는 많다. 물론, 훌륭한 전문가를 알아보기 위해서는 본인이 어느 정도 공부해야 한다.

## 부동산 전문가들의 강의를 자주, 많이 듣자

주변을 둘러보면 존경할 만한 부동산 전문가들이 많다. 이들의 강의를 찾아서 듣고 유튜브, TV의 부동산 채널을 자주 시청하면 큰 도움이 된다. 개인적인 친분도 만들어두면 나중에 투자할 때 궁금한 부분을 물어볼 수 있다.

전문가 다수가 동일한 목소리를 낸다면 그것에 집중해야 한다. 예를 들어 지하철 9호선 개발계획이 발표되었을 때 모든 부동산 전문가들이 9호선이 미래 핵심 노선이 될 것이며 9호선 노선도를 찾아가 투자하라고 했다. 지금은 많은 전문가들이 GTX, 경전철, 뉴타운 등의 호재, 삼성동, 용산, 청량리 지역의 미래가치를 얘기하고 있다.

모든 전문가들이 한목소리 내며 괜찮은 투자처라고 해도 사실 직접 찾아

가서 투자하는 사람은 많지 않다. 부지런한 사람이 투자자가 되는 것이며 실제 행동하는 사람이 자산을 키울 수 있다. 시간이 날 때마다 부동산 전문가 강의 듣는 것을 습관화하자.

 **카일의 투자 조언**

**부동산투자에 도움을 준 강의 또는 채널 BEST 10**

1. 발품 카페
2. 북극성 카페
3. 카이저 블로그
4. 서울휘 블로그
5. 부동산스케치북 카페
6. 재개발김쌤 밴드
7. 행복재테크 카페
8. 전업을꿈꾸는사람들 카페
9. 김원철 블로그
10. 텐인텐 카페

# 부동산투자 하기 전에
# 꼭 알아 둘 것들

## 부동산투자 시 이것만은 알아두자

부동산투자를 하기 위해서는 투자 종류와 방법뿐 아니라 대출과 세금에
대해서도 제대로 알아야 한다. 그러나 무엇보다 가장 중요한 것은 좋은
투자처를 찾는 능력을 키우는 것이다.

우선 투자 종류에 대해 알고 각각의 장단점과 목적을 이해해야 한다. 아
파트, 빌라, 오피스텔, 상가, 토지, 다가구주택, 상가주택, 빌딩 등 부동산
에는 많은 종류가 있다. 시세차익용 부동산의 대표가 아파트와 땅이고
임대수익용 부동산의 대표는 상가나 빌딩이다.

투자 방법으로는 갭투자, 월세세팅 투자, 경매, 재개발·재건축 투자 등이
있다. 어떤 투자 방법이 좋다고 판단하기보다는 상황에 맞게 여러 가지
투자 방법을 익히고 실행해야 한다.

부동산 경매는 법원에서 강제로 집을 처분시키는 행위이다. 일반 매매보다 더 싸게 구매할 수 있기 때문에 투자자라면 경매를 알아두는 것이 좋다. 대출과 세금도 투자자로서 꼭 알아야 한다. 투자 초기부터 필요 이상으로 세금을 겁낼 필요는 없다. 부동산은 상승기와 하락기를 반복하고 정부는 상승기에 세금을 높이고 하락기에 세금 조건을 풀어주게 되어있다. 나중에 투자 물건이 많아지면 세금 공부가 중요해지지만 초보 투자자가 세금 무서워서 투자를 어려워한다면 '구더기 무서워서 장 못 담근다'라는 속담과 같은 상황이다. 세금은 부동산투자를 하면서 공부해나가면 된다.

기본적으로 수익이 있어야 세금이 있는 것이다. 물론 보유세 부담이 있으나 보유세가 크게 느껴질 정도라면 이미 상당한 부동산을 소유한 상태일 것이다.

**부동산투자 시 알아 둘 것**

- 부동산 종류
- 부동산투자 방법
- 투자처 찾는 방법
- 대출
- 세금

# 부동산 투자관리표 이해하기

실제 부동산투자를 하다 보면 부동산 표 3개가 필요하다. 바로 부동산 현황표와 물건별 세부내역서, 임대관리표이다.

부동산 숫자가 많아지면 나중에는 정리가 어려워진다. 초기부터 이러한 표를 주기적으로 확인하고 수정하면서 본인의 자산과 부동산 상태를 점검하는 습관을 갖도록 하자.

## 1. 부동산 현황표

현재 내가 보유하고 있는 부동산 전체의 현황을 한눈에 살펴볼 수 있는 표이다. 아래 표를 기준으로 본인 상황에 맞게 수정 및 보완할 수 있다.

| 물건명 | 용도 | 명의 | 사업자 | 구매가 | 대출 | 보증금 | 실투자금액 |
|---|---|---|---|---|---|---|---|
| A오피스텔 | 월세 | 본인 | 주택임대사업자 | 120,000 | 84,000 | 10,000 | 26,000 |
| B오피스텔 | 월세 | 본인 | 주택임대사업자 | 160,000 | 112,000 | 10,000 | 38,000 |
| A아파트 | 시세차익 | 공동 | | 450,000 | | 350,000 | 100,000 |
| A빌라 | 재개발 | 공동 | | 150,000 | 70,000 | | 80,000 |
| A아파트(거주) | 월세 | 공동 | | 520,000 | 364,000 | | 156,000 |

단위: 천원

*A빌라는 멸실

## 2. 물건별 세부내역서

부동산 현황표가 전체 부동산의 현황을 한눈에 살펴보는 표라면 물건별 세부내역서는 각 부동산의 세부 내역을 한눈에 볼 수 있게 정리한 표이다. 대출과 수익, 수익률까지 정리되어 각 물건의 가치까지 살펴볼 수 있다.

| | | |
|---|---|---|
| 매수금액 | 100,000,000 | |
| 매수비용 | 5,000,000 | |
| 월세보증금 | 10,000,000 | |
| 투자금 | 95,000,000 | = 매수금 + 매수비용 − 보증금 |
| 월세 | 600,000 | |
| 연수익(월세 합계) | 7,200,000 | |
| 대출 | 50,000,000 | |
| 대출이자(3%) | 125,000 | |
| 연대출이자 | 1,500,000 | |
| 실제 월수익(월세 − 이자) | 457,000 | |
| 실제 연수익 | 5,700,000 | |
| 실투자금 | 45,000,000 | |
| 수익률(대출 포함) | 13% | = 실제 연수익 / 실투자금 |
| 수익률(대출 제외) | 8% | = 연수익 / 투자금 |

## 3. 임대관리표

투자용 부동산은 거래 시기가 모두 다르므로 숫자가 많아질수록 관리하기가 쉽지 않다. 매매를 비롯해 관리를 수월하게 하기 위해 임대관리표를 작성해두고 주기적으로 살펴보며 체크해야 한다.

| 호실 | 구조 | 유형 | 임대만료일 | 월세일 | 보증금 | 월세 | 관리비 |
|---|---|---|---|---|---|---|---|
| 101 | 1.5룸 | 월세 | 2016. 8. 15. | 14 | 10,000,000 | 400,000 | 30,000 |
| 102 | 1.5룸 | 전세 | 2016. 12. 7. | 7 | 50,000,000 | | 50,000 |
| 103 | 1룸 | 월세 | 2016. 3. 25. | 25 | 5,000,000 | 270,000 | 30,000 |
| 201 | 1룸 | 월세 | 2016. 5. 24. | 24 | 5,000,000 | 300,000 | 30,000 |
| 202 | 1룸 | 월세 | 2016. 6. 11. | 11 | 5,000,000 | 300,000 | 30,000 |
| 203 | 1.5룸 | 월세 | 2016. 7. 19. | 19 | 10,000,000 | 400,000 | 30,000 |
| 204 | 1.5룸 | 전세 | 2016. 7. 2. | 2 | 45,000,000 | | 30,000 |

# 수익률과 수익의 차이를
# 이해하라

## 수익과 수익률, 어떤 것이 더 중요한가?

당연히 투자 수익률이 크면 클수록 좋다. 하지만 가끔은 수익률의 오류에 빠지는 경우가 있으니 주의가 필요하다. 투자 초기라 자금이 많지 않을 때는 수익률이 매우 중요하다. 실투자금을 최소화해서 실투자금에 대비해 얻은 수익, 즉 수익률을 높이는 데 집중해야 한다. 하지만 자산이 많아질수록 수익률보다는 수익이 훨씬 더 중요하다.

수백억원대의 자산가가 수익률을 위해서 작은 빌라 수십 채를 사서 무피투자를 하지는 않을 것이다. 작은 물건이지만 수익률이 좋은 투자처보다는 매매가격이 비싸고 투자금이 많이 들어서 수익률은 안 좋지만 더 큰 수익을 내는 투자처를 선호한다. 이것이 부자들의 안전한 투자 방법이다.

강남의 빌딩이나 상가들의 수익률을 살펴보면 대부분 그다지 높지 않은 경우가 많다. 많은 경우에 5% 수익률 맞추기도 쉽지 않다. 그래도 강남의 빌딩은 수익이 크고 공실 위험이 적으며 시세상승도 기대할 수 있으니 항상 인기가 있다.

물건의 담보대출뿐 아니라 신용대출까지 포함해서 수익률을 계산하는 사람들이 있는데 이것은 잘못된 계산 방법이다. 신용대출은 해당 물건의 수익률을 계산할 때는 철저히 배제해야 한다. 그 물건을 담보로 한 대출이 아니기 때문이다.

수익률을 계산할 때는 해당 물건의 담보대출로만 계산해야 하고 담보대출도 제외하여 대출 없는 수익률 계산도 해봐야 수익률을 정확히 확인할 수 있다.

> 수익: 실제 내 주머니에 들어오는 이익금 액수
>
> 수익률: 투자금 대비 수익금의 비율

다음 표는 매수금액 1억원의 부동산을 월세 주었을 때의 수익률표이다. 담보대출을 포함하여 연수익률이 13%이고 대출을 제외한 계산에서도 8%이므로 일반적인 기준에서 양호한 물건이라 할 수 있다.

| | | |
|---|---|---|
| 매수금액 | 100,000,000 | |
| 매수비용 | 5,000,000 | |
| 월세보증금 | 10,000,000 | |
| 투자금 | 95,000,000 | = 매수금액 + 매수비용 − 보증금 |
| 월세 | 600,000 | |
| 연수익(월세 합계) | 7,200,000 | |
| 대출 | 50,000,000 | |
| 대출이자(3%) | 125,000 | |
| 연대출이자 | 1,500,000 | |
| 실제 월수익(월세 − 이자) | 457,000 | |
| 실제 연수익 | 5,700,000 | |
| 실투자금 | 45,000,000 | |
| 수익률(대출 포함) | 13% | = 실제 연수익 / 실투자금 |
| 수익률(대출 제외) | 8% | = 연수익 / 투자금 |

**월세 수익률표(단위: 원)**

다음의 표는 동일한 물건을 2년 동안 전세 준 후 매도했을 때의 수익률표
이다. 전세금을 이용하면 대출 없이 투자금 3,500만원으로 해당 물건을
보유할 수 있다. 비조정지역 내 주택이라고 가정하고 2년 후 1억 5,000만
원에 매도하면 양도세는 세율 구간에 따라 기본 세율로 적용된다.

투자금 3,500만원으로 세금과 비용을 제외하고 3,300만원 정도의 수익
을 보았으므로 수익률(수익/투자금)은 111%가 된다. 보유기간을 적용한
연수익률은 55%이다.

| | | |
|---|---|---|
| 매수금액 | 100,000,000 | |
| 매수비용 | 5,000,000 | |
| 전세보증금 | 70,000,000 | |
| 투자금 | 35,000,000 | = 매수금액 + 매수비용 − 보증금 |
| 2년 후 매도금액 | 150,000,000 | |
| 매도 시 중개비 | 7,500,000 | |
| 양도차액 | 44,250,000 | |
| 양도세 | 5,557,500 | 비조정지역 |
| 실제 수익 | 38,692,500 | |
| 수익률 | 111% | |
| 연수익(2년 기간 적용) | 19,346,250 | = 수익 / 보유년수 |
| 연수익률 | 55% | |

**전세 후 매도 시 수익률표**(단위: 원)

일반적으로 수익률이 좋은 물건은 시세상승이 크지 않은 경우가 대부분이다. 왜냐하면 시세상승이 클 것으로 예상되는 물건은 매매가가 올라가고 매매가가 올라가는 것은 수익률이 낮아진다는 것을 의미하기 때문이다.

수익률은 해당 물건의 대출을 제외하여 계산해보고 대출을 포함해서도 계산해보아야 하므로 2번 계산해야 한다. 대출은 시기와 정책에 따라 유동적이므로 대출을 최대한 받는 경우로 계산해 높아진 수익률에 현혹되면 안 된다. 대출을 제외하고도 수익률이 좋은지 꼭 확인해야 한다.

# 사회초년생,
# 내 집을 마련하다

# 2001~2008년
# 부동산 시장상황과 투자전략

부동산 가격은 88올림픽 전후로 많이 올랐다가 1990년부터 안정화되었으며 1997년 IMF 경제위기 상황까지 더해져 거의 10년간 큰 상승이 없었다. 이렇게 상승이 없는 시기에는 정부에서 부동산 경기를 활성화시키기 위해 총력을 다한다. 1998년에 주택경기활성화대책(1998. 5. 22.), 건설산업 활성화대책(1998. 9. 25.), 건설 및 부동산경기 활성화대책(1998. 12. 12.)을 연달아 발표하였고 1999년에는 아파트 분양가 자율화 정책을 발표하고 주택건설촉진계획(1999. 10. 7.) 등을 연달아 발표해서 부동산 경기 부양을 위해 힘을 쏟았다.

다음 기사와 같이 몇 년간 부동산 경기가 안 좋으면 정부는 부동산 시장을 활성화하기 위해 등록세·취득세 감면과 양도세면제 등의 세제혜택 정책을 내놓는다.

**부동산 시장 잇단 훈풍**

'부동산 정책의 변화를 알면 돈이 보인다.'

새삼스러운 말은 아니다. 그러나 올해 들어 정부가 주택 건설경기 부양을 위해 갖가지 정책들을 잇달아 발표하면서 부동산 업계는 이 말을 실감하고 있다.

22일 발표된 부동산 세제의 변화가 대표적이다. 신축 주택에 대한 등록세·취득세 감면과 양도소득세 면제, 무주택자에 대한 저리 융자 등이 주요 내용. 1998년 아파트 분양권 전매허용과 분양가 자율화에는 미치지 못하지만 건교부가 할 수 있는 대부분의 카드를 내놓았다는 평가를 받고 있다. 세제 혜택을 잘 알아두면 절세(節稅)를 할 수도 있다.

올 하반기부터 시행되는 정책들을 꼼꼼히 살펴보면 부동산 시장의 변화를 알 수 있다. 부동산 경기 활성화에 긍정적인 영향을 미칠 변화는 리츠(부동산투자회사)법 시행, 임대주택 건설활성화, 리모델링 지원 강화 등이다.

〈00신문〉, (2001년 5월 23일)

이러한 부동산 경기 부양 정책의 효과도 있었지만 '닷컴버블붕괴'라는 상황까지 더해져 투자자와 일반인들이 주식투자에서 부동산투자로 돌아서게 된다. 주식투자로 자산가치의 폭락을 경험한 많은 사람들이 안전자산을 추구하게 되면서 부동산투자에 관심을 돌리게 된 것이다.

2000년부터 회복된 부동산 시장은 2002년을 기점으로 급상승했다. 불이 붙었다고 표현할 정도였다. 정말 많은 사람들이 부동산투자에 관심을 갖기 시작했으며 서점에 가면 부동산 서적이 넘쳐났다.

'부동산114', '닥터아파트' 등 부동산 정보제공 사이트도 많아지고 여러 부동산 스터디그룹이 활발히 활동하였다. 특히 서울의 지하철 9호선이

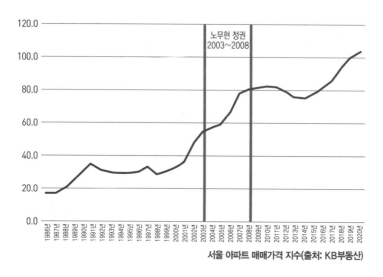

서울 아파트 매매가격 지수(출처: KB부동산)

발표되고 공사가 시작되면서 역세권 투자에 대한 관심도 높아졌다.

노무현 정권은 부동산 규제를 하려고 많은 정책을 내놓았으나 그때마다 시장가격이 상승하는 결과를 초래하였다. 지금의 부동산 규제정책인 재건축초과이익환수제, 양도세중과세, 투기과열지구 지정, 분양가상한제 등은 이때 시행된 것들이다. 이후 경기가 안 좋아지면서 이런 규제는 없어지거나 유예되기도 했는데 문재인 정권에서 다시 부활한 것이다. 이와 같이 세금규제정책은 무한하지 않다. 정부는 상황에 따라 부동산투자를 적극 권장하기도 하고 적극 제재하기도 한다는 것을 과거를 보면 알 수 있다.

다음의 기사는 노무현 정권 시절 지속적으로 발표했던 부동산 규제정책에 대한 뉴스이다. KB부동산 시세표의 많은 아파트들의 시세가 2주마다 상승 표시가 갱신되는 상황이 지속되었다. 주위에서 너도나도 내 집 마련, 부동산투자에 뛰어들었다. 경매학원이 많아지고 많은 경매 도서가 쏟아져 나왔으며 경매장에 가면 예전보다 일반인들이 훨씬 많았다. 확실한 부동산 상승기였다. 1999년부터 조금씩 보이던 부동산 상승의 기운은 2000년, 2001년을 거치며 본격화되다가 2002년부터 급격하게 상승하기 시작했다.

부동산은 심리게임 성향이 있기 때문에 한 번 분위기를 타면 걷잡을 수 없다. 1990년대의 부동산 정체기에는 부동산에 관심이 없던 사람들과 주식투자를 주로 하는 투자자들 모두 부동산투자에 뛰어들었다. 역시 대한민국에는 부동산투자밖에 없다고 외치던 시기였다. 불과 얼마 전까지만 해도 주식투자가 최고라고 했던 그 사람들이다.

이 당시 지하철 9호선 개발과 판교 개발 등이 발표되거나 공사가 시작되었고 투자자들에게 많은 인기를 끌었다. 월세 임대사업을 하고 계시던 친구 A의 아버님은 본격적인 시세상승을 체감하고 강서구 방화동의 빌라와 10평대 소형아파트들을 급하게 팔아 강서구에 있는 지하철 9호선 예정지의 30평대 중형아파트를 사셨고 결과적으로 좋은 선택이 되었다. 부동산 시세상승기에는 웬만한 임대수익 물건을 아무리 모아도 아파트 시세상승분에는 크게 못 미치기 때문이다. 특히 10평대 소형아파트는 임대수익, 월세수익으로는 좋지만 시세상승에 있어서는 24평, 32평 아파트를 따라갈 수 없다.

시세상승기에 가장 인기 있는 아파트는 전용면적 59㎡(24평), 84㎡(32평)의 아파트이다. 방 3개에 화장실이 1~2개 나오는 크기이므로 신혼부부부터 아이 2~3명이 있는 가족까지 거주가 가능하고 살기에 좋아서 가장 인기 있는 평형이다. 전용면적 84㎡ 이하를 서민 거주주택이라 보기 때문에 이 면적보다 크면 세금에 있어서는 불리한 면이 많다. 그러므로 실거주와 투자를 생각할 때 84㎡ 이하가 유리하다.

부동산 상승기가 계속되면 결국은 재건축·재개발로 투자자들의 관심이 옮겨간다. 수익이 가장 크기 때문이다. 부동산 호황기에는 거주민들의 재건축·재개발에 대한 호응도가 높고 개발 후 분양하면 분양이 잘될 확률이 높기 때문에 프리미엄이 상승하게 된다.

하지만 부동산에는 사이클이 있고 하락기가 있기 마련이다. 하락기가 오면 재건축·재개발은 지연되기 마련이고 개발이 지연되면 가격이 크게 떨어지거나 투자 회사가 힘들어질 수 있으므로 여유자금으로 투자하는 것이 좋다.

당시 판교신도시는 부동산투자를 하는 사람들에게 100% 확실한 투자처였다. 하지만 관심만 보이고 실제 투자하지 않는 사람들이 대부분이었다. 투자금이 없어서, 부동산투자에 대해 확신이 없어서 등 투자를 못한 이유는 제각각이었다. 2006년에 분양을 시작한 판교의 경우 입주 시점이 되었을 때 판교 주변 시설이 정비되지 않아 매매가나 전세가가 무척 저렴했다. 이 당시 매매로 입주한 사람들은 큰 시세차익으로 웃을 수 있었다. 반면 새 아파트에 저렴한 전세 가격으로 입주한 사람들은 2년마다 크게 오르는 전세금을 올려주다 다른 곳으로 떠날 수밖에 없는 상황이 되었다.

다음은 판교 입주 시점의 뉴스로, 가격이 떨어지던 때의 분위기를 잘 보여주고 있다.

### '판교 로또' 그 이후는?
내년 초 입주 앞두고 분양권 웃돈 약세
분당·용인 집값 하락에도 영향 미쳐
9월 잔여 물량 분양가 다소 낮아질 듯

2006년 '판교 로또'라는 말이 유행했을 정도로 청약 광풍을 몰고 왔던 경기도 판교신도시. 첫 입주가 내년 초로 다가왔지만 당초 기대했던 수억원대 프리미엄은 "물 건너간 게 아니냐"는 분위기가 확산되고 있다. 판교 시세의 바로미터로 불리는 분당 지역이 약보합세에서 벗어나지 못하고 있는 데다 5~10년간 묶여있는 전매제한 규정, 설립 초기 부진한 기반시설 등으로 '강남 대체 신도시'라는 장밋빛 기대가 갈수록 줄어들고 있기 때문이다. 분당, 용인, 수원 등 수도권 남부도 판교 입주에 따른 가시적인 영향은 아직 나타나지 않고 있는 것으로 파악됐다. (이하 생략)

〈매경뉴스〉, (2008년 6월 23일)

지금도 예전의 9호선 개발과 판교 개발처럼 확실한 투자처는 많이 있다. 예를 들어 GTX, 경전철, 지하철 연장 등의 수혜를 입게 되는 지역 중에는 시간이 지나면 후회할 만한 확실한 투자처들이 존재한다.

투자는 본인의 선택이고 책임이다. 확실한 투자처임을 주위에서 아무리 말해주어도 본인이 인식하고 필요하다고 느끼기 전에는 아무 소용이 없다. 그래서 부자의 삶을 살 것인지 가난한 삶을 살 것인지는 본인의 선택이라고 생각한다.

# 단돈 1천만원으로
# 내 집을 마련하다

## 서울을 벗어나 수도권의 허름한 아파트를 구입하다

대학생 때 취직해서 종잣돈 1천만원을 모은 적이 있다. IT붐이 일던 시절이라 미리 공부해둔 프로그래밍으로 남들보다 좀 더 수월하게 돈을 벌기도 하였다. 사실 프로그래밍이 아니어도 과외를 하든 아르바이트를 하든 해서 누구나 1천만원 모으기는 그리 어려운 일이 아니다. 그래도 처음 모은 종잣돈 1천만원이 통장에 찍힌 것을 확인했을 때의 기쁨은 나중에 1억, 10억을 모았을 때보다도 훨씬 더 컸다.

그 무렵 내 인생 최고의 책《부자 아빠 가난한 아빠》를 읽게 되었다. 일을 시작해서 근로소득을 만들고 그 근로소득으로 번 돈을 부동산 자산으로 변환해서, 일하지 않아도 돈이 나오는 시스템을 만들어야 한다는 것을 그 책으로부터 배웠고 이를 실행하기로 결심했다. 하루라도 빨리 내 부동산, 내 집을 가지고 싶었다. 그 당시 친구들과 선배들은 독립할 때 서울에서 전세나 월세로 시작하는 것이 일반적이었다. 나에게도 대출을 받아 전셋집을 구하라고 주변의 여러 사람이 권유하였다. 직장이 있으니 대출을 받고 모아둔 돈을 합쳐서 서울의 번듯한 곳에 전세로 들어가는 것이 어렵지는 않았다. 하지만 내 꿈인 내 명의의 부동산을 가지기 위해서 열심히 인터넷 검색을 하고 발품을 팔기 시작했다.

가진 돈은 없었지만 어떻게 해서든 아파트를 사고 싶었다. 당연히 서울의 아파트는 비싸서 살 수 없었다. 열심히 찾고 또 찾아서 발견한 곳은 경기도 부천의 1호선 역곡역에서 15분 정도 걸어가면 나오는 낡은 5층짜리 아파트 단지들이었다. 역곡역은 1호선 급행역이 정차하는 역이므로 그 주변은 여의도 출퇴근이 가능한 지역이었다. 한 정거장 가면 7호선 환승역인 온수역도 있으므로 향후 직장을 강남으로 옮기더라도 7호선을 통해 통근할 수 있어 교통이 괜찮아 보였다. 공인중개사무소와 상담을 하여 공급면적 18평, 전용면적 13평의 5천만원짜리 물건을 전세 4천만원을 끼고 실투자금 1천만원을 들여 매수하기로 했다. 돈을 더 모으고 대출을 받아 전세금을 내주고 실입주하는 것이 목표였다.

지금으로부터 약 20년 전이라도 실투자금 1천만원으로 서울의 아파트를 사기에는 역부족이었다. 2000년대 초반에 서울의 문래현대아파트 18평이 1억 2천만원 정도였다. 지금 이 아파트는 6억원대이다. 시간이 갈수록 선호지역과 비선호지역 아파트 가격의 격차는 더 벌어지는 것을 여러 사례로 확인할 수 있다.

내 집을 처음 마련한 기쁨은 무척 컸다. 남들은 부천 역곡에 허름한 아파트를 매수했다고 대수롭지 않게 여겼지만 나름 서울과 가까운 근교에 오래된 5층짜리 아파트를 매수했기에 향후 월세수익이나 재건축을 통한 시세차익이 가능할 것이라 생각했다.

세입자의 전세계약이 만기되었을 때 재계약 불가를 통보하였다. 그 사이 추가로 모은 돈이 있었고 나머지는 대출을 받아 전세보증금을 내주었다. 드디어 실입주를 하게 된 것이다. 내어준 전세보증금 4천만원 중 대부분이 주택담보대출금이었으므로 대출금을 갚기 위해 기를 쓰고 돈을 모았다. 대출금을 갚지 못한 상태에서 만약 직장을 잃게 되어 몇 달간 돈을 벌지 못하면 파산한다는 생각에 작은 돈도 아끼며 직장생활에 충실했던 기억이 난다.

점심 식대를 모으기 위해 특별한 약속이 없으면 집에서 직접 도시락을 싸 가지고 가서 혼자 회의실에서 먹었다. 사회생활은 해야 했으므로 점심 약속이 생기면 그 도시락을 아껴두었다가 저녁 때 먹었다. 그 당시 같이 일하던 직장동료는 지금도 내가 싸들고 다니던 도시락 얘기를 하며 웃고는 한다.

20대의 어린 청년이었던 내가 아파트 매수를 위해 공인중개사무소에 가면 어리다고 무시하기도 했다. 가족이나 주변 지인들도 너무 빨리 집을 사는 것 아니냐며 만류했다.

그래도 이 집을 사면서 20대의 나이에 공인중개사와 매도자를 상대로 직접 협상도 해보고 대출도 받아보았으며 부동산 계약에 대한 경험도 쌓을 수 있었다. 세입자를 내보내기 위해 내용증명을 보내기도 했다. 내가 원하는 선택을 했고 시간이 지나 생각하니 그때 좀 힘들었어도 재미있었고 잘한 선택이었다.

이 집에서 거주하다가 몇 년 후 양도세비과세 혜택을 받고 구매한 가격의 두 배 가까이 되는 금액으로 매도할 수 있었다. 1천만원을 투자했으니 수익률이 300~400%나 되는 좋은 투자였다.

지금 이 집의 시세를 살펴보면 내가 판매했던 금액에서 한 차례 상승했다가 이후 아주 오랫동안 정체되어 있다. 이 사례에서 장기적 전망이 크게 좋지 않은 물건은 기회가 되면 빨리 매도하고 더 전망이 좋은 똘똘한 물건으로 갈아타는 것이 중요하다는 것을 알 수 있다.

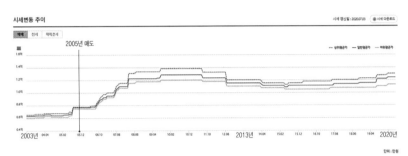

**2001년에 첫 매수했던 아파트의 시세 변화**

 **카일의 투자 조언**

**내 집 마련은 빠를수록 좋다**

하루라도 빨리 내 집 마련을 하는 것이 좋다. 투자는 복리이기 때문에 시작을 일찍 해서 오랜 시간 지속하는 것이 핵심이다. 내 집 마련을 통해 주거가 안정되면 심리적인 안정을 주는 효과도 있다. 무엇보다 부동산 계약과 대출, 명도 등의 경험을 해볼 수 있으므로 향후 투자를 위한 좋은 경험이 될 것이다.

# 첫 부동산투자 시
# 고려사항

부동산투자를 위한 기본적인 공부를 했다면 투자를 시작해야 한다. 공부만 많이 하고 투자를 실행하지 않는 사람들이 있다. 중요한 것은 실행하는 것이다.

서울, 수도권의 부동산은 장기적으로 오르기 때문에 투자하는 것이 아무것도 안 하는 것보다 나은 선택이 될 확률이 높다. 어느 정도 자금과 지식이 준비되었다면 망설이지 말고 본인이 생각하는 최선의 물건에 투자하자.

## 첫 투자는 실거주 겸 투자로 시작하자

첫 투자로 어떤 사람은 실거주용 집을 사야 한다고 하고, 어떤 사람들은 실거주는 월세로 살며 투자와 실거주를 처음부터 철저하게 분리해야 한다고 말한다.

첫 투자로는 실거주를 하든 안 하든, 실거주가 가능한 거주용 부동산을 추천한다. 첫 투자는 안전하게 가는 것이 최고다. 초보 투자자로서 지식이 부족한 상태에서 투자를 하면 잘못된 선택을 할 수도 있고 손해 보기도 쉽다. 첫 투자부터 나와 상관없는 먼 지역의 아파트나 상가, 또는 토지에 투자하면, 어쩌면 투자에 실패해 더는 부동산을 거들떠보지도 않게 될 수 있다.

투자와 거주를 분리한다고 첫 투자에서 투자성만 보는 것도 권하지 않는다. 초보라서 물건 선택에 실수가 있을 수 있기 때문이다. 투자만을 보고 샀는데 시세상승이 더디거나 떨어지기라도 하면 오래 버티기 힘들 수 있다.

실거주를 하든 안 하든, 후일에 언젠가는 실거주를 할 수 있는 집을 사는 것이 첫 번째 투자로 안전하다. 실거주용 집은 거주의 개념에 투자가 더해지는 것이므로 투자만을 위한 물건보다는 리스크가 적다고 할 수 있다. 시세가 좀 떨어져도 내가 실거주하면 되기 때문이다. 거주하면서 시간이 흐르다 보면 시세차익도 볼 수 있을 것이다.

일단 거주가 안정되어야 안정적인 투자도 가능하다. 그래서 집이 없는 분들은 사실 투자를 위해 다른 생각할 것 없다. 본인이 출퇴근 가능한 지역에 위치하며 감당할 수 있는 대출로 구매가 가능한 집 중에서 시세상승이 기대되는 것을 매수하면 된다.

사람들이 선호하는 주거지역은 지금도 비싸고 앞으로도 비싸다. 사람들이 선호하는 주거지역의 대표적인 4가지 요소는 아래와 같다.

**주거 선호지역의 대표 요소 4가지**

1. 교통

2. 학군

3. 환경

4. 편의시설

## 개발호재가 있는 지역에 투자하자

교통, 학군, 환경, 편의시설이 좋은 지역은 모든 사람들이 살고 싶어 한다. 그러므로 이러한 지역은 가격상승이 기대된다. 하지만 이미 시세가 많이 올라있을 것이다. 좋은 투자란 지금은 좀 불편하지만 앞으로 개발되어서 교통, 학군, 환경, 편의시설이 좋아질 지역에 투자하는 것이다.

발전호재, 개발호재가 풍부하고 앞으로 사람들이 선호할 만한 지역이 될 곳에 투자해야 한다. 사실 호재가 없는 지역을 찾기 힘들 정도로 이곳저곳에 개발호재가 많다. 이미 가격에 반영되었다는 말도 많이 한다. 그래도 사람들은 개발을 눈으로 보아야 믿는다. 사람들이 생각하는 것보다 실제 개발 후의 시세상승은 더 큰 경우가 많다.

지금 살기 좋은 곳보다 앞으로 살기 좋아질 지역을 선정해야 한다. 기왕 투자할 거면 강력한 호재가 있는 지역에 하자. 지하철, 도로, 공원, 마트 등 사람들은 눈으로 개발되는 것을 봐야 매수를 시도하고 이것이 가격과

연동된다. 지금은 고급 주거단지가 된 잠실이나 개포동 모두 예전에는 소형평수 위주의 주공아파트였다. 개발되기 전에는 대부분 임차인들이 살고 있었고 학군도 좋지 않았다. 개발된다고 했을 때도 많은 사람들이 잠실, 개포가 강남의 타 지역만큼 좋아지는 것을 인정하지 않으려고 했다. 새 아파트에 입주가 시작되고 좋아지는 것을 눈으로 보는 순간 시세는 빠르게 오르기 마련이다.

## 직장과의 거리를 고려하자

출퇴근으로 많은 시간을 도로에서 허비하지 말자. 아무리 좋은 지역이라도 출퇴근에 너무 많은 시간을 허비해야 하는 곳에 살아서는 안 된다. 초보 투자자는 본인이 잘 아는 지역, 가급적 직장과 가까운 지역에서 투자처를 찾아봐야 한다. 최소한 직장과의 접근성이 좋은 지역으로 찾아보자. 직장이 강남에 있으면 성남, 하남, 구리 쪽을 볼 수 있을 것이다. 직장이 인천에 있으면 광명이나 송도를 알아볼 수 있다. 이런 식으로 현재의 직장 혹은 앞으로의 직장과의 거리를 고려해서 투자하는 게 낫다. 투자도 좋지만 투자에 앞서서 직장인은 직장에 다니기 편해야 하기 때문이다.

## 아이 양육을 고려해서 집을 구하자

현실적으로 맞벌이 부부가 내 집 마련을 위한 부동산투자를 할 때는 필히 육아에 대해 고려해야 한다. 직장생활보다 더 힘든 것이 육아라고 한다. 아이를 낳고 나서 생각하면 이미 늦을 수 있다. 아이를 갖기 전에 아이 양육을 하면서 지낼 수 있는 지역을 선정해두는 것이 좋다. 두 사람 중 아이 양육에 더 신경을 쓸 수 있는 사람의 직장에서 가까운 쪽으로 거주 지역을 선택할 수도 있고, 부모님이 육아에 도움을 주실 수 있는 상황이라면 이 또한 고려할 수 있다.

주의할 점은 아이가 있을 경우 교통도 중요하지만 아이 양육을 위한 환경도 매우 중요하다는 것이다. 예를 들어 강남이 좋다고 해도 청담동, 역삼동의 술집, 모텔이 즐비한 상업지역은 아이들을 키우기에 적합하지 않다. 출퇴근 시간이 가장 중요하지만, 이에 못지않게 유모차를 끌고 안전하게 다닐 수 있는 환경도 중요하다. 신도시, 택지지구가 인기 있는 이유이다. 이런 곳은 아이들을 위한 시설이 잘 되어있고 비슷한 또래, 비슷한 환경을 가진 사람들을 만나게 되어 육아에 서로 도움을 주고받기도 한다.

아이가 아주 어릴 때는 아이 양육을 도와줄 수 있는 부모님 댁 근처나 직장 위치를 우선적으로 생각해서 집을 구해도 괜찮다. 하지만 아이가 유치원 정도 갈 나이가 되면 이사를 자주 다니는 것은 아이에게 좋지 않다. 초·중·고가 가깝고 병원, 학원 등 편의시설이 많은 아파트 대단지나 택지지구는 아이 키우기에도 좋고 가격 상승 효과도 볼 수 있는 곳이다.

## 대출은 필수이다

대출은 젊고 가능할 때 많이 받아도 된다. 물론 감당할 수 있는 정도로 받아야겠지만 무조건 대출을 안 받겠다는 생각으로는 부자가 될 수 없다.

빚에는 좋은 빚과 나쁜 빚이 있다. 자동차 대출은 나쁜 빚으로 내 자산을 갉아먹으므로 해서는 안 된다. 내 자산을 늘리는 대출은 좋은 빚이고 이걸 레버리지 투자라고 한다.

대출받아 산 물건의 월세가 대출이자보다 많다면 이런 대출은 좋은 빚이다. 실거주용 1채를 위해 지는 빚도 좋은 빚으로 분류된다. 받을 수 있을 때 많이 받아서 가능한 좋은 집을 사기 바란다. 특히 첫 번째 집에 대해서는 장기로 좋은 조건의 대출이 가능하다. 대출이 있으면 더 긴장하고 살게 되며 과소비도 피할 수 있다. 물론 세상 사는 모든 일이 과하게 무리해서 하면 좋지 않다.

## 공공분양, 소형평수가 제일 좋다

첫 번째 집을 살 때는 청약받는 게 가장 좋다. 하지만 청약당첨을 위해 마냥 기다릴 수는 없다. 좋은 매물을 찾았고 감당할 수 있을 정도의 가격이라면 투자를 실행하기 바란다.

분양을 받는다면 투자로는 공공분양 소형평수가 가장 좋다. 민간아파트가 7억원에서 10억원으로 올랐고 공공분양 아파트가 3억원에서 6억원으로 올랐다면 똑같이 3억원이 올랐어도 공공분양 아파트의 수익률이 더 크고 좋다.

공공분양은 소득 등의 조건이 까다롭다. 본인이 공공분양을 받을 조건이 안 된다면 민영주택 분양을 열심히 노려보면 된다. 하지만 경쟁률이 너무 세다. 분양받는 것이 제일 좋은 것은 맞지만 나에게 기회가 올지는 확실하지 않다. 조건도 까다롭고 기다리다가 시간만 간다. 투자는 가장 좋은 것을 찾느라 긴 시간을 보내는 것보다 덜 좋아도 빨리 시작하는 게 낫다고 생각한다.

중요한 것은 첫 번째 집을 가급적 빨리 매수하는 것이다. 재테크, 투자는 빨리 시작하는 것이 유리하기 때문이다. 가장 불리한 것은 세입자로 오래 살면서 투자를 안 하는 것이다.

# 아파트 분양,
# 서울 밖에서 답을 찾다

## 서울 안이 어렵다면 밖에서 방법을 찾아라

서울에서 태어나 쭉 자라온 내가 주소지를 부천으로 옮겼을 때 친지들, 친구들의 걱정이 많았다. 한 번 서울을 벗어나면 다시 서울로 들어오기 힘들다는 것이었다. 나는 '왜?'라는 의문이 들었다. 서울에서 아파트를 살 수 없으니 외곽에서 사서 돈을 벌어 다시 들어오면 된다는 생각이었고 이런 내 생각은 틀리지 않았다. 그리고 지금도 그 생각은 변하지 않았다. 서울 외곽에서 안주하는 삶을 살면 다시 서울로 들어오기 힘들 수도 있다. 하지만 서울을 벗어난 이유가 재테크를 통해 도약하기 위해서라면 서울을 벗어나는 것이 기회가 될 수 있다.

나는 20대 때부터 청약통장을 만들어서 서울에서 수없이 청약을 시도했지만 결과는 항상 실패였다. 그러나 서울을 벗어나니 답이 있었다. 첫 투자 겸 내 집 마련을 부천에서 했기 때문에 부천이 주소지가 되었다. 덕분에 부천의 아파트 분양에서 지역 우선 조건 때문에 서울에 비해 낮은 경쟁률로 당첨되는 기쁨을 누릴 수 있었다. 물론 당첨 후 다음의 청약을 위해 청약통장은 또 만들어두는 것을 잊지 않았다.

당첨된 부천의 아파트는, 역세권이지만 소규모 단지라서 프리미엄이 많이 붙을 것 같지 않았다. 그러나 청약을 통한 중도금대출, 잔금대출이 가능하므로 실제 내 돈은 계약금만 들어가면 되었다. 새 아파트에 살고 싶은 욕심도 있었기에 프리미엄이 안 붙어도 입주해서 살면 된다는 생각으로 기쁘게 계약을 했다.

입주 시점이 다가오고 실제 아파트가 거의 완공되니 그 동네 사람들의 눈에 좋아보였나 보다. 중개사무소에서 매도하라는 전화가 많이 왔고 생각보다 높은 프리미엄이 형성되었기에 망설임 없이 매도했다.

지금도 그렇지만 이 당시에도 청약은 큰 수익을 가져다주는 재테크 수단이었다. 계약금만 2천만원 정도 냈을 뿐인데 새집에 들어가려는 수요자들이 억대 프리미엄을 제시한 것이다. 리스크 없이 큰 수익을 낸 투자였다. 이 부천에서의 청약당첨과 분양권 매도는 서울로 돌아오는 데 큰 도움이 되었다.

부천 역곡의 내 집 마련과 매도, 분양권 당첨과 매도, 이 두 번의 투자를 정리하고 나니 서울에서 실거주하며 시세차익까지 노려볼 수 있는 좋은 곳을 선택하는 입장이 되었다.

# 청약을 적극적으로
# 공략하라

## 서울을 벗어나면 청약에서도 희망이 보인다

서울에 투자할 수 있으면 서울 핵심지역에 투자하면 된다. 비싸서 불가능하다며 가만히 있는 것보다는 수도권에라도 투자하는 것이 낫다. 높은 월세를 내며 사는 것이나 2년마다 전세금을 올려주는 것은 내 자산 형성에 도움이 되지 않는다. 특히 지금의 서울 집값은 사회초년생이 내 집 마련을 하기에는 터무니없이 높다. 집값이 비싸다고 불평불만만 하는 사람이 되지 말자. 서울이 아니라도 좋은 거주지나 투자처는 많다.

서울은 경쟁률이 높아 아파트 청약이 힘든데 경기권으로 가면 당해 지역 우선 조건으로 당첨이 한결 수월하다. 사회초년생은 서울 외곽에서 시작해도 괜찮다. 점점 중심지, 사람들이 선호하는 지역으로 이동하는 것을 목표로 삼으면 된다. 다들 그렇게 노력하며 살고 있다.

한 단계씩 더 나은 지역으로 옮겨 갈 때마다 힘도 들고 무리를 하게 되어 겁도 날 것이다. 자산을 업그레이드하기 위해서는 자산을 모으는 동시에 부동산에 대한 공부도 꾸준히 해서 리스크를 줄이며 성공적으로 지역 업그레이드를 해 나가야 한다.

| 주택형 | 공급<br>세대수 | 순위 | | 접수 건수 | 순위 내 경쟁률<br>(미달 세대수) | 청약 결과 |
|---|---|---|---|---|---|---|
| 101.9311A | 217 | 1순위 | 해당 지역 | 2,904 | 44.68 | 1순위 마감<br>(청약 접수 종료) |
| | | | 기타 경기 | 14,228 | 396.91 | |
| | | | 기타 지역 | 14,269 | 287.09 | |
| | | 2순위 | 해당 지역 | 0 | | |
| | | | 기타 경기 | 0 | | |
| | | | 기타 지역 | 0 | | |

위례신도시 A3-10BL 중흥S-클래스 청약접수 결과(2020년)

위의 표는 위례 하남권의 아파트 청약접수 결과이다. 1순위에서 수백대 1의 높은 경쟁률로 마감되었다. 하남 거주자들은 해당 지역 우선순위 혜택으로 같은 1순위라고 해도 경쟁률이 44대 1로 상대적으로 낮아 당첨 가능성이 하남 외 거주자들에 비해 월등히 높다. 이렇게 분양을 원하는 지역에 전월세로 우선 살면서 해당 지역 우선공급 자격으로 청약을 넣으면 당첨 가능성이 월등히 높아진다.


## 청약통장은 필수다

부동산투자에 조금이라도 관심이 있는 분들은 무조건 청약통장을 준비해두어야 한다. 가점이 낮아서 당첨 가능성이 적더라도 우선 준비해두는 것이 좋다. 정부 정책이 언제 어떻게 변경될지 모르기 때문이다. 당첨되어서 통장이 없어지게 되어도 곧 또 만들어서 다음의 청약을 준비해야 한다. 집이 있는 사람들도 청약통장을 준비해두는 것이 좋다. 몇 년 전에는 집이 있든 없든 1년 이상만 청약통장을 보유하면 1순위 자격을 주었던 적도 있다. 언제 또 바뀔지 모르니 돈을 벌 확률을 높이기 위해 청약통장은 항상 유지하도록 하자.

2020년 지금 시점에 아파트 청약당첨은 로또를 뜻한다. 이전에도 그랬지만 지금은 특히나 아파트 청약당첨이 가장 좋은 부동산 재테크 수단으로 꼽힌다. 몇 년간의 부동산 상승기로 아파트 시세는 많이 올랐지만 분양가상한제와 HUG협상으로 인해 건설사들이 예전과 달리 분양가를 시세보다 훨씬 낮게 책정해야 하기 때문이다.

정부의 세금 규제정책으로 분양가가 9억원을 넘으면 중도금대출을 받을 수 없게 되었다. 이 규제로 분양가 9억원이 넘는 아파트는 경쟁률이 낮아져 자금이 넉넉한 실수요자에게 유리해졌다. 인기 지역에 당첨되면 최소 수억원의 수익이 보장되므로 자금이 충분하다면 분양가 9억원 이상의 아파트 청약에 도전해보자.

앞에서 얘기했듯이 분양에서 가장 중요한 것은 입지가 좋은 지역이고, 물건 종류로는 공공분양 소형평수가 좋다. 공공분양은 자격이 엄격하기 때문에 받을 수 있는 조건이 되는 사람들이 많지는 않지만 조건이 된다면 공공분양을 꼭 노려보기 바란다. 자산을 한 번에 크게 업그레이드할 수 있는 좋은 기회이다.

공공분양이 아닌 민간분양도 물론 큰 수익을 낼 수 있다. 서울의 분양은 지금은 비싸 보여도 나중에 시간이 흐르고 나면 싸게 느껴지는 경우가 많다. 여유가 되는 사람들은 분양을 적극 활용해야 한다.


## 3기 신도시 분양에 대비하자

3기 신도시는 내 집 마련과 투자를 위한 좋은 기회가 될 것이다. 3기 신
도시의 입지를 보면 서울과 붙어있는 경우가 많다. 위례, 판교를 생각하
면 된다. 서울과 접근성이 좋은 신도시의 인기와 가치는 시간이 갈수록

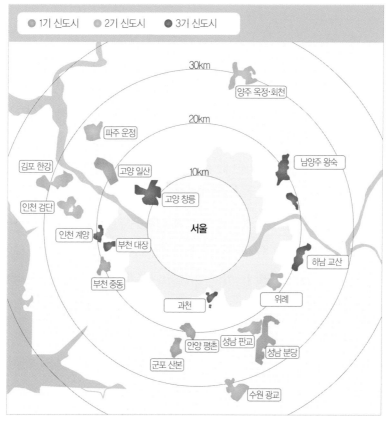

**수도권 주요 신도시 현황**

높아질 것이다. 초기에는 모든 것이 불편하지만 이런 불편을 감수하는 시간이 지나면 큰 시세차익으로 그동안의 불편에 대한 보상을 받게 된다.

여건이 되는 사람들은 물론이고 혹은 여건이 안 되어서 투자를 천천히 생각해야 하는 경우에도 3기 신도시 분양이 자주 오지 않는 절호의 기회라고 생각하고 적극적으로 투자에 나서야 한다.

3기 신도시는 기본적으로 입지가 좋은데도 공공택지개발이므로 분양가가 상당히 저렴하게 책정될 것이다. 무주택자, 특히 사회초년생이라서 종잣돈이 많지 않더라도 관심을 가지고 지켜보며 종잣돈을 모으고 청약을 준비해보자. 내 집 마련과 자산증식의 두 마리 토끼를 잡을 수 있을 것이다.

내 집이 있어서 3기 신도시 분양에 직접적으로 참여하지 못한다고 해도 관심 있게 보아야 한다. 서울과 가까운 택지지구이기 때문에 대규모 분양이 시작되면 인접지에도 어떤 식으로든 영향을 줄 것이다.


## 상가, 오피스텔 분양은 주의해야 한다

분양 경험이 처음이거나 적다면 아파트 분양을 받는 것이 낫다. 상가나 오피스텔은 꼭 분양받을 필요가 없다. 입주 시 혹은 입주 후 2~3년 있다가 더 좋은 가격에 매수할 수 있는 경우가 많다. 특히 상가는 상권 형성에 실패하는 경우가 종종 있으므로 설령 나중에 더 비싸게 사더라도 상권 형성이 되는 것을 보고 매수하는 것이 좋다.

아파트와 오피스텔, 빌라는 공실이 잘 나지도 않고 공실이 나도 가격을 낮추면 세를 줄 수 있다. 하지만 상가는 장기공실로 쭉 가는 경우도 있으니 상가분양은 초보 투자자들이 특히 조심해야 한다.

## 청약이 어렵다면 일반 매매로 눈을 돌려라

신규아파트 청약은 수익이 보장되는 경우가 많기에 가장 확실하고 안전한 투자라 할 수 있다. 하지만 분양 경쟁률이 치열하므로 분양에만 시간을 쓰지 말고 기회가 될 때 일반 매매로 매수를 하는 것도 현명한 방법이다. 의사나 변호사는 많은 이들이 선망하는 직업이지만 오랜 시간 준비해야 하고 준비한다고 모든 사람들이 의사, 변호사가 되는 것도 아니다. 하루 빨리 취직해서 사회생활을 시작하는 게 어떤 면에서 보면 더 나을 수도 있다. 부동산투자도 가능한 여건이 되면 대박보다 중박을 추구하며 남들보다 빨리 시작하는 것이 좋은 방법일 수 있다.

 **카일의 투자 조언**

**신도시 투자 사례**

1기 신도시는 일산, 분당, 중동, 평촌, 산본이다. 직장생활을 하면서 만나는 사람들 중에 직장이 여의도, 종로에 있는 사람들은 일산으로, 직장이 강남권에 있는 사람들은 분당, 평촌으로 보금자리를 찾아갔다. 대부분 결혼 후 가정을 꾸리면서 가족을 위해 살기 좋은 신도시로 떠난 경우이다.

일산과 분당은 처음에는 시세가 비슷했지만 시간이 지날수록 강남과 가까운 분당의 시세가 일산과 비교해서 크게 올랐다. 여의도에 위치한 회사를 다니는 일산 친구들과 강남에 직장을 둔 분당 친구들을 만나면 직장 위치 때문에 자산규모가 벌어진다는 이야기가 자주 거론되고는 한다.

3기 신도시 또한 모두 나름의 강점을 가지고 있지만 그래도 강남과 접근성이 좋은 지역이 장기적으로 더 좋을 것이라고 예상된다.

# 서울 신규 역세권 투자로
# 기회를 찾다

## 서울의 첫 투자처, 9호선 신규 역세권

부천의 아파트와 분양권을 매도하여 생긴 종잣돈을 활용하여 투자할 곳
을 서울에서 찾기 시작했다. 당시 서울에 지하철 9호선이 개통될 계획이
었고 뉴스에서 이 기사를 많이 다루었다. 많은 부동산 전문가들도 9호선
신규 역세권 투자를 추천하였다. 당시 부동산투자에 경험이 많지 않았던
내 눈에도 9호선 신규 역세권 투자는 안전하고 확실한 투자처로 보였기
에 투자를 결심했다.

하지만 역시 이번에도 가족이나 지인들이 만류하였다. 이미 지하철 개발
계획이 발표되었고 빠른 곳은 공사를 시작하였기에 주변 아파트 가격이
많이 올랐고 이미 호재가 시세에 다 반영되었다는 것이었다.

실제로 9호선 신규역 주변 아파트들의 가격은 그 전과 비교하여 오른 상

태였다. 하지만 9호선 역세권이라는 교통의 편리성을 고려해보면 장기적으로는 가격이 상승할 것이라고 판단했다. 최악의 경우에 혹시나 가격이 안 오르더라도 최소한 가격이 떨어질 것 같지는 않았다.

9호선 신규역 중에서 강서구를 타깃으로 삼았다. 더 좋은 지역도 있었지만 시세가 너무 비싸기도 했고 강서구는 그때까지 대중교통이 불편한 지역이었으므로 9호선의 효과가 더 강하게 작용할 것이라고 생각했다. 9호선은 급행역이 있으므로 가급적 급행역 정차역 주변의 아파트를 보았고 다행히 좋은 물건을 계약할 수 있었다. 이곳에서 실거주를 하며 지하철 개통을 기다렸고 지하철 개통 후 내 예상대로 시세는 크게 올랐다. 84㎡ (32평)의 시세가 2~3억원이었는데 5억원대로 급등했다. 이 아파트 역시 9호선 역이 개통된 후 양도세 혜택을 받고 매도하였다.

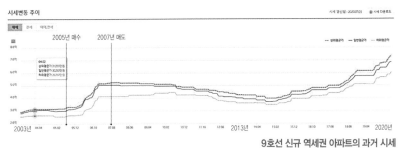

**9호선 신규 역세권 아파트의 과거 시세**

이 아파트로 시세차익을 꽤 보았고 다른 투자에 큰 도움이 된 것은 두말할 필요도 없다.

강서구의 아파트는 양도세 비과세 대상이었기 때문에 매도 시 양도세 신고를 안 했다. 그런데 몇 개월 후 국세청에서 수천만원의 양도세 고지서가 날아왔다. 놀라서 국세청에 바로 전화를 해보니 강서구 아파트 매도 시 양도세 비과세여서 양도세신고를 안 했기 때문에 국세청에서 세금부과 착오가 있었던 것이다.

순간 눈앞이 하얘졌지만 마음을 진정하고 다시 한 번 내용을 검토해보았다. 예상된 양도세는 아무리 많아도 충격받지 않는다. 하지만 비과세라고 생각했던 물건에 양도세가 수천만원이 나오니 당시 어리고 경험이 없었던 나로서는 충격이 매우 컸다. 국세청 직원에게 상황을 설명하고 이의를 제기하니 국세청 직원은 검토해보겠다고 답변했다. 잠시 후 전화가왔고 양도세 고지가 잘못된 것이라고 하였다. 잠깐이지만 천국과 지옥을왔다 갔다 한 느낌이었다. 이 사건으로 국세청에서 세금 고지를 한다고확인을 안 하고 무조건 내면 안 된다는 것을 알게 되었다. 그리고 양도세비과세 대상이라고 해도 신고를 하는 편이 안 하는 편보다 낫다는 것도이때 알았다.

9호선 역세권은 당시 분명 좋은 투자처였다. 부동산 수업을 같이 들은 친구들은 자금이 부족하면 공동 투자하여 신규 역세권 근처의 아파트나 빌라를 사기도 했다. 지금 생각해도 9호선 신규 역세권 투자는 너무나도 안전하고 확실한 투자였다. 하지만 부동산 수업을 같이 들은 많은 사람들중에 대다수가 고민만 하다가 투자하지 않았고 나중에 투자한 친구들을부러워했다.

강서구의 9호선 역세권 학습효과로 이후의 투자에서도 신규 역세권을따라 투자를 해오고 있고 이것은 앞으로도 유효한 전략이라고 생각한다. 9호선이 연결되는 마곡지구, 인천지하철 2호선 역세권, 강동구의 9호선역세권, 위례신사선의 위례와 송파, 일산과 인천의 GTX 역세권 등에 투자할 때 여러 비교 물건 중에서 가급적 앞으로 신규 역세권이 되는 지역의 물건으로 선택을 하고 있고 아직까지 실망한 적은 없다. 지하철 신규 역세권이 되는 지역은 이미 선정되어 있다. 지연은 될지라도 언젠가는 생기기 마련이다.


## 안전한 투자처는 어디일까

부동산 시장이 좋으면 웬만한 물건은 가격이 오른다. 반대로 부동산 시장이 안 좋으면 아무리 좋은 물건이라도 시세하락을 피할 수 없다. 최악의 경우에는 아무리 싸게 내놓아도 매수세가 실종되는 경우도 있다.

안전한 투자처가 있을까? 적어도 부동산투자에는 감히 있다고 말할 수 있다. 안전한 투자처란 남들이 오를 때 더 오르고 남들이 떨어질 때 덜 떨어지는 곳을 뜻한다.

앞에서도 이야기했듯이 주거용 부동산을 고를 때의 기준은 교통, 학군, 환경, 편의시설이다. 이 4가지 요소를 적절히 가지고 있는 부동산은 남들이 다들 가지고 싶어 하고 거주하고 싶어 하는 곳이므로 시간이 지날수록 가격은 자연스럽게 오르게 될 것이다. 하지만 이 4가지 요소를 다 가지고 있는 지역은 시세가 이미 많이 올라서 비쌀 수밖에 없다.

그러므로 지금은 이 4가지 요소가 약간 미흡하지만 앞으로 갖춰질 곳, 지금은 불편하지만 앞으로 그 불편이 해소될 곳을 찾아서 투자하는 것이 좋은 투자 방법이다.

주거용 부동산을 고를 때는 무엇보다 교통이 중요하므로 교통이 개선될 지역을 중심으로 찾아보아야 한다. 교통이 개선될 지역으로는 지하철, 경전철, GTX 예정지가 있다. 무엇보다 모든 사람들이 거주를 선호하고 양질의 일자리가 몰려있는 지역인 업무지구와의 교통 연결이 편해야 한다.

그렇다면 양질의 일자리가 몰려있는 핵심업무지구는 어디일까? 서울의 핵심업무지구는 도심업무지구(종로), 여의도업무지구(영등포), 강남업무지구, 이렇게 세 곳으로 볼 수 있다. 이러한 업무지구와의 접근성이 부동산투자에서는 매우 중요하다.

**서울의 3대 핵심업무지구**

1. 도심업무지구(종로)

2. 여의도업무지구(영등포)

3. 강남업무지구(강남)

학군도 중요하다. 단일 아파트보다 아파트 대단지들이 몰려있는 곳은 좋은 학군이 자리 잡기 마련이다. 대규모 새 아파트라면 더 말할 것도 없다. 우선 교통과 학군이 가장 중요하다. 그 다음으로 환경과 편의시설을 봐야 한다. 환경은 공원, 산, 강 등 산책할 만한 곳이 있으면 좋다. 대형마트, 문화센터 등도 가격 형성에 영향을 주는 요인이다.

교통만 좋은 상업지역보다 상업지역과 가까운 주거지가 최고의 지역이고 최고의 주거 선호지역이자 좋은 투자처이다. 아이 키우기 좋은 환경인데 교통마저 편리하다면 최고의 투자처라고 할 수 있다.

평수는 가급적 중소형을 공략한다. 안전한 것은 소형이다. 특히 투자하기에는 소형평수가 좋다. 대형평수도 시세차익을 볼 수 있지만 소형평수의 투자대비 수익률과 환금성에는 크게 미치지 못한다. 더 자세히는 59㎡ 타입, 84㎡ 타입이 투자와 실거주에 가장 좋다. 방이 3개, 화장실이 2개이므로 1~2인 가정부터 아이가 둘인 4인 가족까지 폭넓게 인기가 있다.

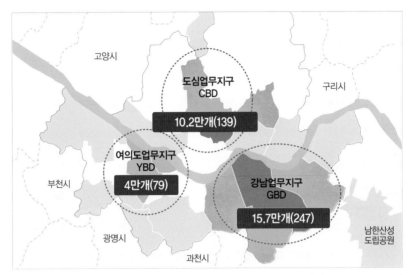

서울 3대 핵심업무지구[회색상자 (앞)해당 지역의 전체 사업자수, (뒤)500인 이상 사업체수]

가격이 오를 때는 소형평수가 먼저 오른다. 인기 좋은 소형평수 시세가 치고 올라가면 그 이후에 중형, 대형 순으로 가격에 반영되기 마련이다.


## 현시점에서의 투자전략

현시점에서 안전하면서도 좋은 투자전략은 역시 내 집 마련이다. 방법으로는 청약이 가장 좋다. 차선책으로는 진행이 잘 되고 있는 재개발·재건축 투자를 들 수 있다. 서울, 수도권의 새 아파트는 너무 비싸 바로 접근이 힘드니 재개발·재건축 물건을 매수하고 시간에 투자하는 것도 방법이다. 다만 재개발·재건축 투자는 향후 큰 시세차익이 가능하지만 갭투자에 비해 투자금이 많이 들고 낡은 집에서 고생스럽게 살거나 임대를 주고 내 집에서 살지 못하는 단점이 있다. 재개발·재건축을 목적으로 구매한 집에서 이른바 몸테크를 하며 실거주할 수도 있다. 하지만 재개발·재건축이 진행되는 집은 거주환경이 열악할 수 있기에 대부분 세를 주는 경우가 많다.

다음으로는 향후 가격 상승이 예상되는 곳에 대출을 많이 받아 매수하여 실거주하는 방법이 있다. 사회초년생이 투자를 자주 하는 것은 현실적으로 불가능하고 사실 그렇게 해서도 안 된다. 리스크가 크기 때문이다. 어떻게든 내 집 마련부터 해두고 대출금을 갚고 투자금을 모으다 보면 천천히 이후의 투자계획이 세워질 것이다.

실거주용 내 집을 마련했다면, 이제는 투자를 위한 여러 가지 추가 전략을 세워야 한다. 예를 들어 장기임대주택 혜택을 노려볼 만하다. 전용 85㎡ 이하, 공시지가 6억원 이하인 아파트를 제외한 빌라나 오피스텔을 2022년 말까지 장기임대등록하면 장기보유특별공제로 양도세 혜택을 받을 수 있다.

최근의 부동산 규제로 아파트의 경우 장기임대주택 신규 등록이 불가능해졌고 이미 등록한 주택임대사업자만 등록 말소 시점까지 세제 혜택을 일부 받을 수 있게 되었다. 하지만 오피스텔, 빌라는 아직도 주택임대사업자를 이용한 세제혜택을 기대할 수 있다. 다만 오피스텔, 빌라의 경우는 아파트에 비해 시세상승이 크지 않으므로 절세효과가 아파트에 비해 크지는 않을 것이다.

| 주택 구분 | | 유형별 폐지 · 유지 여부 | |
|---|---|---|---|
| | | 매입임대 | 건설임대 |
| 단기임대 | 단기민간임대주택(4년) | 폐지 | 폐지 |
| 장기임대 | 장기일반민간임대주택(8년) | 유지(아파트는 폐지) | 유지 |
| | 공공지원민간임대주택(8년) | 유지 | 유지 |

민간임대주택에 관한 특별법(2020년 8월 4일)에 따른 유형별 임대주택

| | 현행 | 개정 |
|---|---|---|
| 내용 | • 2022년 12월 31일까지 8년 장기임대주택을 등록한 경우 해당주택 양도 시 장기보유특별공제율 특례 적용(8~10년 임대: 50%, 10년 이상 임대: 70%)<br>• 임대주택 유형<br>  − 공공지원 민간임대주택<br>  − 장기일반민간임대주택 | • 폐지된 등록임대주택 유형 제외<br>• 임대주택 유형<br>  − 공공지원민간임대주택<br>• 아파트 장기일반매입임대주택 제외 |

임대주택 폐지 관련 개정 내용(2020년 8월 기준)

주거용 부동산에 대한 규제정책으로 임대수익을 위한 오피스텔, 상가, 지식산업센터 투자가 인기를 끌 것이다. 그러나 임대수익용 부동산투자는 주거용 부동산보다 리스크가 크므로 우선 실거주를 위한 내 집 마련을 하고 충분히 공부한 다음에 도전하도록 하자.

투자 우선순위를 둔다면 아래와 같다.

주택청약 → 재개발·재건축 → 개발호재 지역의 갭투자·월세세팅 투자

정부의 부동산투자 규제와 세금규제가 아무리 강력해도 무주택자의 내 집 마련이라면 걱정할 것이 없다. 매수 타이밍에 대한 고민은 다주택자들이 하는 것이다. 어차피 정부는 상황에 따라 부동산 규제를 조였다 풀었다 한다. 좋은 물건이 있다면 하루라도 빨리 내 집 마련을 해두는 것이 나은 선택이다.

# 신규 역세권의
# 안전한 투자처 찾기

## 신규 역세권, 언제 가격이 오를까?

부동산 가격(시세)은 지하철을 통해 3번 오른다고 한다. 첫 번째는 개발계획이 발표될 때, 두 번째는 공사가 시작될 때, 세 번째는 실제 운행해서 사람들이 눈으로 확인할 때이다.

남들이 다 아는 정보이고 오픈된 호재이기 때문에 가격에 다 반영되었다는 말을 나는 믿지 않는다. 공개된 정보라도 이 정보에 따라 실제 투자를 실행하는 사람은 극히 소수이기 때문에 실제 개발이 완료되고 눈으로 보고 나서야 부동산 시세상승이 더 크게 이루어진다.

개발계획에 따라 개발 완료 후의 모습을 머릿속으로 상상해 그려볼 수 있어야 한다. 그리고 결심이 섰을 때 바로 행동하는 실행력이 필요하다.

지금 서울과 경기권의 지하철 교통망 개선은 이제 거의 끝났고 포화상태가 되고 있다. 서울의 모든 지역에 지하철과 경전철이 촘촘하게 깔려있다. 이제 앞으로 더 이상의 지하철 교통이 추가되기는 점점 힘들어진다. 지금은 막바지 지하철 개발계획이 발표되고 있다. GTX와 위례신사선, 신림선 등의 경전철, 지하철 추가노선이 계획 및 실행되고 있다.

지하철 신규 역세권, 교통망 호재에 투자할 수 있는 마지막 기회나 다름 없다. 이런 지하철 개발계획을 따라 신규 역세권 위주로 투자하면 최소한 잃지 않는 안전한 투자를 할 수 있을 것이다.

## GTX의 핵심 역 세 곳, 트라이앵글을 주시하라

GTX는 광역교통망을 뜻한다. GTX를 통해 서울 중심과 수도권의 연결이 크게 강화되고 교통편의성이 급격하게 개선될 것이다. 따라서 GTX 개발은 부동산투자에 큰 영향을 줄 수 있는 아주 막강한 호재이다. GTX 역사가 어디 생기는지 확인하고, 최소한 역사 근처에 투자하면 안전한 투자라 할 수 있다.

서울 내에서는 GTX 역사 주변이거나, 또는 좀 떨어져있어도 가까운 편이면 괜찮다. 그러나 경기권으로 가게 되면 얘기가 약간 다르다. 가급적 GTX 역사와 아주 가까운 초역세권 위주로 보는 게 좋다.

GTX의 중심이자 핵심 역은 삼성역, 서울역, 청량리역이다. GTX는 이 세 거점을 트라이앵글로 연결하고 외부로 뻗어나가는 구조이다. 서울역, 삼성역, 청량리역은 지금도 최고의 상업지역으로, 일자리들이 몰려있지만 향후 GTX를 통해 더 체계적인 발전과 개발이 이뤄질 것이다. 앞으로 부동산투자를 할 때 이 세 지역과의 접근성이 좋은 곳에 투자해야 한다.

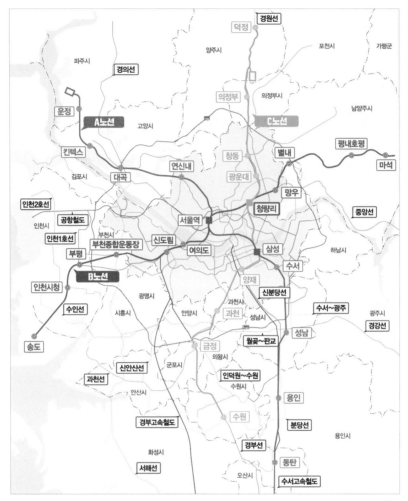

GTX 노선도

상업용 부동산인 상가나 빌딩, 오피스텔은 상업지 중심에 위치하는 것이
좋고, 주거용 부동산은 상업지와 가까운 대규모 주거지역 아파트가 선호
된다.

## ① 삼성역

삼성역 주변인 삼성동·잠실은 앞으로 서울의 중심이 될 것이다. 그동안은 강남역이 가장 핫한 지역이었다면 이제는 삼성역 주변이다. 서울의 여러 개발계획 중에 가장 강력하고 구체적인 것을 뽑으라면 삼성동·잠실 개발을 뽑겠다. 부동산투자도 삼성동·잠실과의 접근성을 염두에 두고 투자한다면 실패 없는 투자가 될 것이다.

삼성동·잠실 개발계획은 다음과 같다.

### 현대자동차그룹의 글로벌비즈니스센터(GBC) 조성

삼성동 옛 한국전력 사옥 부지에 현대차 글로벌비즈니스센터가 들어선다. 105층 건물이며 전시, 컨벤션 시설과 공연장, 관광숙박시설, 전망대 등이 들어온다. 향후 GBC를 통해 120만 명이 넘는 고용창출이 이루어진다고 한다. 지금도 삼성동 쪽은 일자리가 많은데 앞으로 어마어마하게 많은 양질의 새로운 일자리가 쏟아지게 될 것이다.

### 국제교류복합지구(MICE) 조성

삼성동 코엑스부터 잠실의 종합운동장까지 국제교류복합지구가 조성된다. 국제업무, 전시, 컨벤션 MICE 산업 중심지로 개발될 것이다. 삼성동부터 잠실까지는 하나의 경제복합지구로 체계적으로 개발된다.

### GTX, 위례신사선 개통

지금 코엑스는 2호선 삼성역, 9호선 봉은사역과 연결되어 있다. 앞으로 GTX A노선, C노선, 위례신사선까지 총 5개 노선을 삼성동 코엑스에서 이용할 수 있게 된다.

### 지하공간 복합개발

지금의 코엑스 지하도 충분히 큰 복합 쇼핑몰이다. 앞으로 현대차 부지까지 지하를 확장한다고 한다. 지하 6층의 잠실야구장 30배 크기로, 건축 연면적이 약 16만㎡에 이르는 역대 국내 지하공간 개발 중 최대 규모다. 이렇게 미세먼지가 심하거나 눈, 비가 오는 날도 상관없이 쇼핑할 수 있는 실내 복합 쇼핑몰의 인기는 앞으로 더욱 높아질 것이다.

이외에도 코엑스 주변은 여러 호재가 있다. 영동대로 지하화로 인해 상부광장이 조성될 예정이고 주차장으로 방치되어 있는 탄천변을 공원화한다고 한다. 또 눈에 띄는 개발계획은 대형 옥외 광고물 허용이 있다. 뉴욕 맨해튼의 타임스퀘어 같은 대형 옥외 광고물이 삼성동 코엑스 주변에서는 허용된다. 지금도 대형 광고물이 하나씩 늘고 있다. 뉴욕에 가면 타임스퀘어를 필수코스로 가듯이 앞으로 서울에서는 삼성동 코엑스가 필수 관광코스가 될 것이다.

### ② 서울역

서울역 역시 삼성역과 마찬가지로 교통 호재도 있지만 상업지구로서의
개발계획도 풍부하다. '강북코엑스'로 불리는 서울역 역세권 개발사업은
용산국제업무지구 바로 옆에 위치하기 때문에 서로 시너지를 낼 것이다.

서울역 북부역세권 개발 사업

서울역 주변은 교통은 좋지만 구도심이기 때문에 낙후된 지역이 많다.
재개발·재건축이 활발히 진행 중이므로 향후 이 지역의 모습은 과거와
크게 달라질 것이다. 교통이 좋은 상업지역이므로 오피스텔, 원룸 등의
수요가 크다는 점도 특징이다.

서울역은 용산구에 위치하므로 용산 개발사업의 한 축이라 볼 수 있다.
용산의 개발호재는 다음과 같다.

### 용산국제업무지구

호텔과 주상복합, 오피스텔, 빌딩 등이 어우러져 개발될 것이며 향후 많은 자본이 몰릴 곳이다. 부동산 가격 상승으로 국토부의 압력이 가해져 개발이 지연되고 있지만 언젠가는 개발이 실행될 것으로 보인다.

### 용산민족공원

미군기지 이전으로 서울의 중심에 뉴욕 센트럴파크를 모티브로 하는 큰 규모의 공원이 들어오게 된다. 광화문광장과 서울광장을 합한 면적(3만 2,000㎡)보다 큰 4만㎡ 정도 규모로 초대형문화공원으로 조성될 예정이다.

### 서울역개발

용산 개발 마스터플랜 안에 서울역개발이 포함되어 있다. 용산구에 위치한 서울역은 용산국제업무지구, 용산민족공원, 서울역 역세권 개발단지 등의 수요로 교통의 핵심지가 될 것이며 대규모 상업시설이 들어서게 될 것이다.


## ③ 청량리역

특히 청량리역 주변을 주목해야 한다. GTX 노선과 더불어 대규모 발전 계획이 있기 때문이다. GTX 핵심 역사 3곳 중에서 상대적으로 가장 낙후되어 있는 곳이다. 그러므로 개발에 따른 앞으로의 발전 효과가 상대적으로 더 클 수 있다.

청량리 개발계획은 오래 전에 발표되었지만 진행이 많이 되지는 않았다. 이것은 거꾸로 청량리를 통해 기회를 잡을 수 있다는 것을 뜻한다. GTX뿐 아니라 신분당선 연결로 강남권과의 교통이 급속히 좋아질 것이며 대형 상업시설이 들어올 것이다.

청량리역 주변은 업무시설이 조성되고 있으며 재개발·재건축이 활발히 진행 중이다. 청량리역 역세권도 좋지만 지역을 좀 더 넓게 생각해서 근방도 충분히 투자하기 좋은 지역이라고 할 수 있다. 전농답십리뉴타운, 이문휘경뉴타운, 장위뉴타운 등의 대규모 거주지역이 조성되고 있으니 관심을 가지고 지켜보자. 청량리업무지구, 상업지역 근처의 거주지역은 시간이 지날수록 가치가 올라갈 것이기 때문이다.

| 구역 | 시공사 | 예정 가구수 | 진행 상황 |
|------|--------|-----------|-----------|
| 이문1구역 | 삼성물산 | 3,071 | 이주 진행 중 |
| 이문3구역 | HDC현대산업개발, GS건설 | 4,321 | 이주 진행 중 |
| 이문4구역 | 미정 | 3,720 | 사업시행인가 준비 중 |
| 휘경1구역 | 한신공영 | 299 | 최근 입주 |
| 휘경2구역 | SK건설 | 900 | 최근 입주 |
| 휘경3구역 | GS건설 | 1,792 | 이주 진행 중 |

이문휘경뉴타운 진행 상황(2020년 8월 기준)

## GTX의 A·B·C 노선별 투자처를 찾아라

GTX는 서울, 수도권의 확장을 의미한다. 서울 교통의 중심인 서울역, 청량리역, 삼성역이 GTX의 핵심 트라이앵글이 된다. 서울은 기존 지하철 역사에 GTX 역사들이 촘촘히 추가된다. 그리고 서울을 중심으로 파주, 인천, 동탄, 남양주, 의정부로 GTX 노선이 넓게 퍼지게 된다.

기존의 지하철, 경전철역의 경우 역사에 상업시설이 있는 곳도 있지만 없는 곳도 있다. 하지만 GTX 역사 인근에는 대규모 상업시설 개발이 예정되어 있다.

한마디로 GTX역 인근은 교통도 좋지만 쇼핑, 음식점, 극장, 의료시설 등 모든 편의시설이 집중되어 기존의 지하철역과는 차별점이 있다. 이는 서울보다 수도권의 경우가 더 심할 것으로 예상된다. 서울은 이미 많은 편의시설이 있지만 그렇지 않은 일부 수도권에 GTX 역사가 생기면 그 지역에서 두드러지게 인기를 끌 것이다.

### ① GTX-A노선

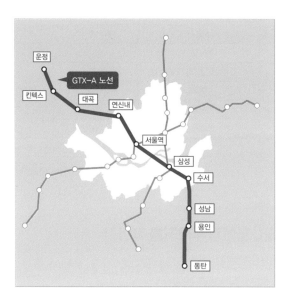

서울의 서북부인 파주에서 시작해 삼성역과 서울역을 거쳐 동남권인 동탄까지 연결된다. 파주, 일산 지역은 서울과의 사이에 고양창릉신도시가 발표되어서 상대적으로 서울 근교의 다른 지역 대비 시세가 많이 상승하지 못한 편이다. 하지만 GTX 역사 근처 투자는 추천할 만하다. 특히 GTX 킨텍스역 주변으로 대규모 상업지역이 개발될 예정이므로 희소성이 있다. 파주나 일산 쪽은 GTX 역사 근처에 투자하면 비교적 안전하다. 은평구는 교통이 불편해서 그간 서울 여러 지역 중에서도 집값이 약세였

던 지역이다. 하지만 GTX 연신내역 개발로 교통편의성이 개선될 것이다. 주변으로는 수색증산뉴타운 개발이 진행 중이고, 마포나 신촌과의 접근성이 좋으므로 시간이 지나면 크게 발전될 지역이다.

수서역은 현재도 SRT와 지하철 3호선, 분당선이 지나 강남권, 서울 동남권 교통의 중심이다. 여기에 GTX 역사까지 더해지면 교통이 더 좋아질 뿐 아니라 수서역 주변이 상업지역으로 복합 개발될 것이다. 또한 이미 조성된 문정법조타운이나 인근의 삼성동, 잠실과 연계되어 시너지 효과를 낼 것으로 기대된다. 인근의 많은 아파트들이 수서역과의 접근성을 장점으로 내세우고 있는데 이러한 경향은 앞으로 더할 것이다.

GTX 성남역은 판교에 인접한 분당에 위치하고 있다. 이 근처로 벌써 많은 투자가 진입하였다. 하지만 GTX 역사 개통까지는 아직 시간이 많이 남아있으므로 장기적인 시세상승 여력도 충분하다고 할 수 있다.

분당의 GTX 성남역은 기존의 판교역과 이매역 사이에 생긴다. 판교역(신분당선), 성남역(GTX), 이매역(분당선)은 서로 도보로 이동이 가능한 거리에 위치해서 성남역 주변은 앞으로 분당, 판교 지역 교통의 핵심이 될 전망이다.

분당의 다른 호재로는 분당수서로 지하화가 있다. 이 사업으로 업무시설인 판교와의 접근성이 크게 개선될 것이다(분당수서로 지하화는 논란이 많지만 실제 진행되고 있다. 규모의 문제이다.). 더불어 재건축 혹은 리모델링 가능성이 가장 높은 1기 신도시이므로 주의 깊게 볼 필요가 있다.

동탄은 GTX 역세권과 아닌 곳의 가격 차이가 크다. 동탄과 같이 서울과 거리가 있는 지역의 경우 GTX 초역세권에 투자하는 것이 좋다. 서울과 거리가 멀어질수록 GTX 역세권과 비역세권의 가격 차이가 큰 편이다.

서울과 거리가 있는 다른 GTX 신설역 주변도 비슷할 것이니 동탄의 예를 참고할 필요가 있다.

## ② GTX-B노선

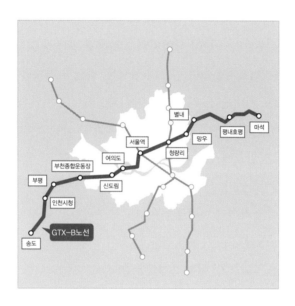

인천 송도에서 서울을 관통해 남양주로 향하는 노선이다. 송도는 살기 좋고 이국적인 분위기가 나는 멋진 곳이지만 서울과의 교통이 불편하다는 것이 큰 단점으로 꼽혔다. 교통만 빼고 다 좋은 지역이었는데 교통이 개선되니 GTX 송도역의 효과는 다른 GTX 역사보다 클 것으로 예상된다. 인천은 학군과 편의시설, 공원 등을 갖추고 있는 곳이 그리 많지 않다. 때문에 GTX-B노선으로 교통이 개선되면 가치 상승을 기대할 수 있을 것이다.

인천시청역은 인천의 최고 상권 중 하나이다. 길병원과 백화점, 먹자골

목이 있으며 전통적으로 유동인구가 많은 지역이다. 지금도 인천에서 꼽히는 선호지역이지만 GTX로 인해 수요는 지속될 것으로 예상된다. 이 근방의 아파트나 오피스텔, 재개발 물건 등은 투자금이 많지 않은 투자자도 쉽게 접근 가능하다고 할 수 있겠다.

신도림, 여의도, 용산 등은 지금도 좋은 지역이고 자체 개발호재도 많은데다 GTX로 교통도 개선된다. 삼성역 주변과 버금가는 이러한 여러 개발호재로 인해 서울의 핵심이 될 것이다.

남양주 역시 그동안 교통 불편으로 인해 가격 상승이 더디었던 지역이다. 그러므로 비교적 소액 투자가 가능하다. 투자금이 많지 않은 20~30대들은 서울에서 전세를 사는 것보다 남양주에 내 집 마련을 하는 것도 나쁘지 않다. 물론 GTX 역세권으로 투자하기 바란다. GTX 평내호평역 주변으로 2000년대에 호평택지지구 조성 시 입주한 아파트들이 있고 평내호평역의 남쪽으로는 입주를 앞둔 아파트들과 현재 철거가 진행 중인 재건축 아파트도 있다.

앞으로 서울과 비서울의 아파트 가격은 차이가 더 벌어질 것이다. 사회초년생들이 열심히 일해서 모은 돈으로 서울에 내 집 마련을 한다는 것은 현실적으로 어려운 일이다. 내 집 마련을 하려면 일단 서울을 벗어나야 약간의 가능성이라도 있는데, 그렇다면 GXT 역세권으로 가는 것이 좋은 방법이다. 서울과 출퇴근이 수월하며 GTX 효과로 가격이 상승하면 서울 진입을 시도할 수 있기 때문이다.

### ③ GTX-C노선

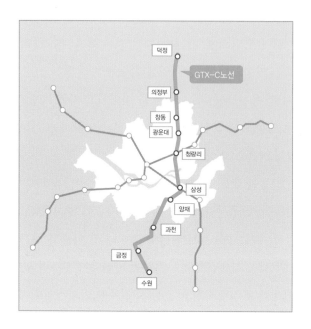

GTX-C노선은 의정부에서 금정으로 향한다. 창동역 주변은 창동-상계 신경제중심지 조성이 예정되어 있다. 이 부근은 택지지구로 개발되었으므로 도로가 잘 정돈되어 있고 대지지분이 넓은 주공아파트들이 많이 있다. 재건축이 가능한 아파트들이므로 재건축 투자도 좋은 방법이겠다.

주공아파트 인근에 GTX, 창동차량기지 개발계획, 동부간선도로 지하화 등 많은 개발계획이 있다. 따라서 노원구에 내 집 마련을 한다면 좀 불편하더라도 어중간한 연식의 아파트보다는 주공아파트로 가는 것이 미래를 위한 일일 것이다. 향후 창동·노원 개발의 직접적인 수혜를 받을 수 있으며 재건축이 진행될 시에는 큰 시세차익을 기대할 수 있겠다.

지하철 1호선 광운대역 인근에 광운대역세권 개발계획이 진행되고 있다. 이 지역은 기존 아파트도 좋지만 장위뉴타운을 눈여겨볼 필요가 있다. 대규모 주거지역이어서 앞으로 학군이 잘 형성될 것이므로 가족단위 거주자들이 많이 찾을 것이다. 양재와 과천 역시 지금도 충분히 좋지만 앞으로 GTX 개발 효과로 더 좋아지고 발전될 것이다.

GTX 개통 지역은 현재 인기 있는 지역도 더 좋아질 것이지만, 집중해야 하는 지역은 현재 소외되어 있는 지역, 살기 불편하고 가기 불편한 지역이다. 교통이 불편하고 거주가 불편한 지역에 GTX 역사가 들어오게 되면 교통이 개선될 뿐만 아니라 생활환경도 크게 개선되기 때문이다.

대부분의 GTX 역사 주변은 GTX뿐 아니라 다른 여러 개발계획이 함께 존재한다. 개발되어야 할 지역이기에 GTX 역사로 선정된 것이기도 하다. GTX 역세권 투자는 지금도 늦지 않았다. 관심을 가지고 GTX 역사 주변으로 임장을 가서 앞으로 어떻게 변할지 예상해보기 바란다. 남들도 확신이 생길 때 뒤늦게 투자하는 것보다 미리 예상하고 투자를 실행하는 것이 좋은 방법이다.

내 집 마련을 원하는 신혼부부들은 GTX 신규 역세권으로 데이트를 다니며 장단점을 파악하여 거주지를 고르는 것도 추천할 만하다.


## 경전철 예정 지역에도 관심을 기울여라

지하철은 일부 연장 구간을 제외하고 개발이 끝났다. 하지만 서울시에는 많은 경전철 개발계획이 있다. 지하철에는 못 미치지만 분명 교통개선 효과가 있고 특히 교통이 많이 낙후된 지역일수록 경전철의 효과는 클 것이다.

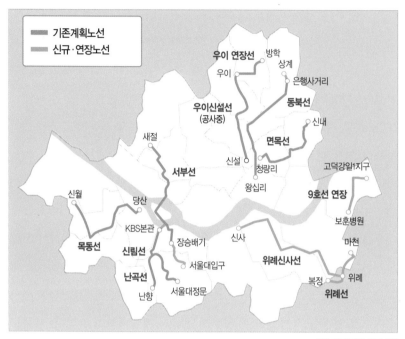

여러 경전철 계획이 있지만 그중 위례신사선, 신림선, 신안산선을 살펴보겠다.

### ① 위례신사선

경전철 중에 강남을 향하고 통과하는 유일한 노선이다. 위례부터 문정법조지구, 가락시장, 헬리오시티, 학여울역, 삼성역, 청담역을 거쳐 신사역까지, 핵심 지역에 정차하며 신설역사의 효과는 매우 클 것으로 예상된다. 위례신사선은 역이 정차하는 곳뿐만 아니라 인근의 성남 재개발, 거여마천뉴타운, 송파의 일반 아파트들에도 영향을 주는 큰 호재이다.

위례신사선의 가장 큰 수혜자는 위례신도시일 것이다. 위례는 강남 대체

위례신사선 노선도

신도시라 불릴 만큼 입지가 좋다. 실제 위례의 일부 지역은 송파구에 위치한다. 때문에 강남으로 출퇴근하는 직장인들이 주거지역으로 선호한다. 위례에서 삼성역까지는 자동차로 10km 거리로, 차로 다니기에 매우 가깝다. 신도시이니만큼 계획적으로 도시가 구성되어 있다는 점도 큰 매력이다.

한 가지 단점이라면 대중교통, 특히 지하철이 없는 것인데 위례신사선이 생기면 이 단점도 없어진다. 위례신사선으로 강남권 출퇴근이 용이해지면 거주 환경이 좋은 위례를 찾는 수요는 크게 상승할 것이다. 위례에 투자한다면 업무용 부동산인 상가나 오피스텔보다는 거주용 부동산인 아파트에 투자하는 것이 좋은 이유이다.

위례에서 한 정거장 가면 있는 동남권유통단지역에는 기존 동남권유통단지와 아직 개발 중인 문정법조지구가 있다. 문정법조지구에는 서울동부법원 및 동부지방검찰청이 이사 왔으며 많은 법무 관련 회사들이 위치하고 있다. 이외에도 테헤란로 및 판교의 많은 IT회사들이 이곳으로 이전하여 상업지구로서의 틀을 갖추어 나가고 있다.

동남권유통단지에는 8호선 장지역이 위치하고 있고 추후 위례신사선 동남권유통단지역이 생겨 삼성역과의 교통이 더 원활해지면 문정법조지구의 상업지구로서 인기가 더욱 높아질 것으로 보인다. 동남권유통단지역은 상업지구이므로 주거용 부동산도 좋겠지만 이보다 업무용 부동산인 지식산업센터(아파트형공장)나 오피스텔 투자를 고려할 만하다. 상가의 경우에는 리스크를 줄이기 위해 철저히 상권분석을 하고 투자할 필요가 있다.

## ② 신림선

신림선에서 주목할 지역은 신림타운, 신길뉴타운이다. 신림타운은 그동안 교통이 불편하여 다른 서울 뉴타운과 비교하여 시세상승이 더뎠다. 앞으로 신림선이 완공되면 수요 상승을 기대할 수 있겠다. 신림선은 7호선, 9호선, 1호선과 환승이 가능하고 업무지구인 여의도를 향한다.

신림선 경전철 노선도

### ③ 신안산선

상업지구인 여의도를 향하는 노선이다. 신규역 주변으로 비교적 다른 곳보다 소액으로 투자할 수 있는 물건을 찾기 쉽다. 특히 시흥시 장현·목감지구는 신안산선 신규역이 들어오는 대규모 택지지구이므로 눈여겨볼 필요가 있다. 목감지구에는 신안산선 목감역이 신설되며, 장현지구에는 기존의 서해선 시흥시청역과 시흥능곡역에 신안산선이 들어온다.

신안산선 복선전철 노선도

이러한 교통 개발계획을 토대로, 지하철, 경전철의 신규 역사 근처의 대단지 아파트에 투자한다면 잃지 않는 투자, 안전한 투자를 할 수 있을 것이다.

# 경매로 토지, 상가, 아파트에 투자하다

## 부동산을 더 싸게 살 수 있는 경매에 눈 뜨다

부동산 책을 읽으면서 경매를 통해 부동산을 시세보다 싸게 살 수 있다는 것을 알게 되었다. 투자 초기에는 직접 입찰을 하고 명도하는 것에 부담을 느껴 경매회사에 수수료를 주고 맡기는 방법을 택했다.

지금은 경매 공부를 해서 권리분석이나 명도 등을 할 때 경매회사를 통하지 않고 직접 한다. 지나서 생각해보니 권리분석이 공부하면 참 쉬운 것이고 명도도 어려운 것이 아닌데 자신감이 없어서 경매회사에 괜한 돈을 썼던 것 같다. 경매회사를 통하면 낙찰받기가 수월하기는 하다. 그 이유는 낙찰되어야 경매회사가 수수료를 받는 구조 때문이다. 당시 경매회사에 수수료를 많이 지급했지만 어찌되었든 수익이 났기 때문에 나쁘게 생각하지는 않는다. 가장 좋은 것은 본인이 공부해서 직접 하는 것이고 경매회사를 통해 한다고 해도 본인이 주도권을 가지고 진행해야 한다. 결국 어느 정도 경매 지식을 습득해야 진행 과정을 이해할 수 있고 주도권을 잡을 수 있다.

## 토지, 상가, 아파트를 경매로 얻기까지

나는 경매로 토지, 상가, 아파트 등 여러 종류의 물건을 낙찰받았다. 또한 법정지상권 분쟁이 있어서 4번 유찰된 여주의 토지를 감정가보다 훨씬 싸게 매수한 적도 있다. 미리 변호사 사무실 두 군데에 의뢰하여 법정지상권 소송을 하면 승소할 수 있다는 의견을 받은 상태였기 때문에 결정하기 어렵지는 않았다. 낙찰 후 예정대로 변호사 사무실을 통해 법정지상권 관련 소송을 진행하였고 승소 판정이 나왔다.

이 토지는 감정가가 1억 2천만원이었고, 낙찰가는 4천만원이었다. 변호

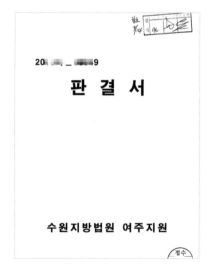

법정지상권 분쟁 승소판결문

사 수임료가 5백만원 정도 되었고 소송을 통해 승소판결문을 받게 되자 감정가 이상으로 매도되었다. 낙찰가 대비해서 수익률이 높은 좋은 투자였다.

내가 입찰할 당시 이 물건은 법정지상권 때문에 여러 번 유찰된 상황이었다. 높은 금액으로 낙찰될 수 있는 땅이었지만 법정지상권 분쟁이 있다는 이유 하나로 유찰되고 있었으니 좀 귀찮아도 법정지상권이 과연 성립하는지 변호사 사무실에 물어보았다. 여러 군데 문의한 결과 법정지상권 성립이 안 된다는 답을 들었고, 그렇다면 낙찰받고 소송해서 법정지상권 요소를 없애면 되는 간단한 일이었다. 하지만 이 과정이 일반 물건을 낙찰받는 것보다는 귀찮고 성가시기 때문에 이 정도도 확인을 안 하는 사람들이 대부분이다. 좀 귀찮아도 직접 확인하면 부동산 경매시장에는 돈을 벌 수 있는 물건이 많이 존재한다.

원래 이 토지는 장기보유를 목표로 매수한 것이었는데 재판에서 승소했다는 이야기를 들은 지인이 꽤 높은 가격에 매입하였다. 입찰 때부터 계획했던 매도가격이 있었는데 그 가격 이상으로 제시하였으므로 예상보다 빨리 매도를 하게 된 것이다.

부동산투자는 이런 경우가 많다. 장기보유를 목표로 매수했다가도 주변에서 매도하라는 요청이 많이 들어와서 예정보다 빨리 매도하게 되는 일이 종종 있다. 매도한 여주의 땅은 후에 지하철이 들어오고 근처에 골프장이 많아 나중에 땅값이 많이 올랐다고 한다. 너무 빨리 매도한 것 같아 조금 아쉽기는 해도 특수물건을 경험하였고 토지매매 경험을 해봤다는 것으로 위안을 삼는다.

상가 경매는 특히 신중해야 한다. 상가가 경매에 싸게 나왔다면 싼 이유가 있는 경우가 많다. 한번은 5층 상가를 가격이 싸다는 이유로 덜컥 낙찰받았다가 오랜 공실로 고생하고 손해 안 보는 선에서 겨우 정리한 아픈 기억이 있다.

밀리오레 구분상가였는데 분양가가 1억 2천만원이었다. 상권이 붕괴되어서 감정가가 1천만원이었고 4차례 유찰되어서 최저가는 512만원이었다. 감정가와 분양가 대비 너무 싼 가격으로 낙찰되어 어떻게든 이익이 될 것이라 생각했지만 현실은 그렇지 않았다. 이 물건에 입찰하기 전에 현장을 몇 번 더 방문하고 주위 상인들에게 물어봤으면 아무리 싸더라도 낙찰받지 않았을 것이다.

싼 가격보다 더 중요한 것은 수익을 내야 한다는 것이다. 아파트, 빌라 등의 주거용 부동산은 어떻게든 수요를 찾을 수가 있지만 상권이 붕괴된 상가는 수요를 찾는 것이 거의 불가능에 가깝다는 것을 이 경매를 통해 배웠다.

아파트는 입찰 경쟁률이 높아서 다른 물건에 비해 낙찰받기 매우 힘든 편이다. 그래서 감정가가 시세보다 싸게 평가된 물건 중에 경쟁이 덜한 대형평수의 아파트에 1차로 입찰하여 낙찰받은 적이 있다.

감정가의 100% 이상의 가격으로 낙찰받았지만 감정한 시기가 낙찰일로부터 오래전이었기 때문에 감정가대로만 낙찰을 받아도 시세차익이 충분히 예상되었다. 이 물건은 고양시의 아파트로, 그 동네의 전세가를 조사한 결과 감정가보다 약간 싸게 전세 계약이 가능한 것도 확인한 상태였다.

낙찰 후 점유자를 만나니 본인의 힘든 처지를 얘기하며 높은 이사비를 요구하였다. 처지는 이해가 되나 이사비 협상이 힘들고 법적 절차를 진행하겠다고 알려드리고 강제집행을 신청하였다.

굿옥션 【 서울중앙지방법원 본원 > 매각기일 : 2009.04.14 10:00(火) > 경매 1계(☎02-530-1813) 】

| 2008타경 ▦▦ 물번2 | 서울특별시 중구 을지로6가 18-185, 밀레오레 ▦▦▦ |
|---|---|

| 물건종별 | 오피스텔 | 감 정 가 | 10,000,000원 |
| 건물면적 | 전용3.79㎡(1.146평) | 최 저 가 | (51%) 5,120,000원 |
| 대 지 권 | 미등기감정가격포함 | 보 증 금 | (10%) 520,000원 |
| 매각물건 | 토지·건물 일괄매각 | 소 유 자 | ▦▦▦ |
| 사건접수 | 2008-08-08(신법적용) | 채 무 자 | ▦▦▦ |
| 입찰방법 | 기일입찰 | 채 권 자 | 서울상호저축은행 |

[ 입찰진행내용 ]

| 구분 | 입찰기일 | 최저매각가격 | 결과 |
|---|---|---|---|
| 1차 | 2008-12-30 | 10,000,000원 | 유찰 |
| 2차 | 2009-02-03 | 8,000,000원 | 유찰 |
| 3차 | 2009-03-10 | 6,400,000원 | 유찰 |
| 4차 | 2009-04-14 | 5,120,000원 | |

조회 동향 (09.04.13 현재)
오늘:10회, 누계:884회
평균:A회

울지로 6 가

■ 건물현황

| | 평형 | 전용면적 | 건축용도 | 감정가격 | (보존등기일:98.08.03) |
|---|---|---|---|---|---|
| 건물 | 20층중 5층 | 3.79㎡ (1.15평) | 점포 | 7,000,000원 | ▶가격시점:08.09.03/ 가인감정평가 |
| 토지 | 대지권 | 1331.6㎡ 중 0.03㎡ * 대지권미등기이나 감정가격에 포함 평가됨 | | 3,000,000원 | |

현황·위치 ·주변환경 | * 국립의료원 북동측 인근에 위치,주위는 헬로에이피엠,두산타워,케레스타등 소재 * 버스정류장 및 동대문역,동대문운동장역등이 소재

참고사항 | * 을지로6가 18-17:대 1331.6㎡ (경매할지분 402.8분지0.01 ▦▦ 지분)

■ 임차인현황 ( 배당요구종기:2008.10.20 ) === 조사된 임차내역 없음 ===

기타참고 | ☞5층112호는 가방 가게로 임차인 김형분이 실제 영업을 하고 있음.

■ 등기부현황 (채권액합계:243,000,000원)

| | 접수 | 권리종류 | 권리자 | 채권최고액 (계:243,000,000) | 비고 | 소멸여부 |
|---|---|---|---|---|---|---|
| 1 | 2001.06.15 | 소유권이전(매매) | ▦▦▦ | | | 소멸 |
| 2 | 2001.09.27 | 근저당 | ▦▦▦ | 143,000,000원 | 말소기준등기 | 소멸 |
| 3 | 2001.10.23 | 가처분 | ▦▦▦ | | 소유권이전등기말소청구권 | 소멸 |
| 4 | 2003.06.23 | 가압류 | ▦▦▦ | 100,000,000원 | | 소멸 |
| 5 | 2004.04.09 | 압류 | ▦▦▦ | | 세무1과3594 | 소멸 |
| 6 | 2004.04.17 | 압류 | ▦▦▦ | | | 소멸 |
| 7 | 2008.08.04 | 압류 | ▦▦▦ | | | 소멸 |
| 8 | 2008.08.14 | 임의경매 | ▦▦▦ | 청구금액: 195,000,000원 | 2008타경23546 | 소멸 |

| 관할 주민센터 | 서울특별시 중구 광희동 주민센터(구 읍/면/동사무소) | | |
|---|---|---|---|
| | 전화번호 | 02-2264-0636 | 팩 스 | 02-2260-1136 |
| | 소 재 지 | [100-400] 서울 중구 쌍무재길 10 광희동사무소 (쌍림동 151-160) | | |

Goodauction.co.kr 한글:굿옥션 | 좋은경매 ·권리분석상담:02-588-7051~3

경매로 낙찰받은 밀리오레 구분상가 물건

거주자와 명도 협상 시 너무 끌려다닐 필요는 없다. 의견을 많이 주고받지 않아도 된다. 바쁜 월급쟁이 투자자는 항상 간단하게 처리하는 것이 중요하다.

120 | 월급으로 시작하는 부동산투자

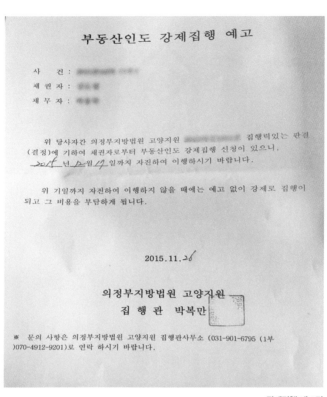

강제집행 예고장

법원이 강제집행을 예고하니 거주자에게서 이사를 가겠다고 연락이 왔고 내가 제시했던 이사비로 협상이 되었다. 이사 갈 집을 구하는 데 시간이 걸린다고 해서 충분한 일정을 드리면서 배려하는 것도 잊지 않았다.

명도하고 인테리어를 싹 해놓으니 바로 세입자가 들어왔다. 일정 기간이 지나서 공인중개사무소로부터 매수자가 나타났다는 소식을 듣고 계약을 하러 갔더니 매수자가 공인중개사무소 실장님 본인이었다. 아직 투자성이 충분히 남아있다고 생각하셨나 보다.

# 경매를 이해하고
# 사이클을 돌려라

## 확실한 수익을 낼 수 있는 경매를 해라

경매는 두꺼운 책에 담아도 될 만큼 알아야 할 게 많지만, 사실 직장인 투자자로서 꼭 취할 부분만 파악한다면 내용이 그리 많지도, 어렵지도 않다. 부동산 경매는 채무자가 돈을 빌리고 갚지 않으면 채권자가 채무자의 재산인 부동산을 법원에 강제처분 요청해서 빌려준 돈을 회수하는 절차이다. 법원에서는 경매를 통해 부동산을 처분하고 이 자금으로 채무자의 빚을 정산하게 한다. 쉽게 말해 파산한 사람의 부동산 물건을 법원을 통해 경매 절차로 싸게 사는 것이다.

앞서 언급했듯이 수익은 좀 덜하더라도 리스크 없는 투자가 이 책의 목표이고 이러한 투자를 지속한다면 충분히 큰 수익을 낼 수 있다. 특수물건, 즉 이해관계가 복잡하고 어렵지만 큰 수익을 낼 수 있는 경매물건은 과감히 고수들의 몫으로 남겨두고 우리는 이해관계가 간단하며 크지는 않지만 확실한 수익을 낼 수 있는 물건에 입찰하면 된다.

경매를 통하면 부동산의 보통 시세보다 싸게 낙찰받게 된다. 하지만 돈 문제가 얽여있는 부동산이다 보니 점유자를 퇴거시키는 절차가 필요하다. 이를 명도라고 하는데 특히 명도를 어려워하는 분들이 많다.

지금까지 경매를 해본 적이 없다면 꼭 한번 경험해볼 것을 추천한다. 낙찰을 받지 못하더라도 법원의 경매장을 가보는 것만으로도 부동산에 대한 공부도 되고 동기부여도 될 것이다. 가능하면 낙찰도 받아서 대출도 받고 명도도 하고 세입자도 구해서 경매 과정 전체를 경험해보는 것이 좋다.

경매는 어려운 게 아니다. 한두 번 해보면서 경험을 쌓으면 금세 자신만의 사이클을 만들게 되고 점점 쉬워질 것이다. 경매 절차는 아래와 같다.


**경매 절차**

1. 물건 검색하기

2. 권리분석 하기

3. 임장하기

4. 대출 및 자금 준비하기

5. 입찰하기

6. 낙찰 및 매각허가결정

7. 대출 및 잔금 납부하기

8. 명도하기

9. 전세 및 월세 주기

## ① 물건 검색하기

대법원 경매 홈페이지나 지지옥션, 굿옥션 등 많은 경매정보사이트를 이용해 물건을 검색하면 된다. 물론 지지옥션 같은 사이트는 이용료를 내야 한다. 이런 유료 사이트에서는 웬만한 권리분석까지 해주기 때문에 제공하는 정보만 가지고도 경매에 참여하기에 부족함이 없다. 지지옥션 등을 통해서 여러 물건을 검색하면 시간 기는 줄 모르게 재미가 있다.

지지옥션 사이트

## ② 권리분석 하기

권리분석은 경매 물건의 이해관계를 분석하여 경매 후 인수해야 할 권리(금액)가 있는지 파악하는 과정을 뜻한다.

월급쟁이 투자자는 대박을 낼 물건보다 소소하지만 스트레스 적은 물건을 노려야 한다. 때문에 복잡자가 있는 경우나 지분경매 등은 고수들의 몫으로 남겨두자. 이해관계가 얽혀있는 이런 물건 말고 일반 물건으로도 수익을 낼 수 있다.

주 타깃은 거주용 부동산인 아파트나 빌라로 삼자. 그것도 내가 잘 아는 지역에서 감정가가 시세보다 적게 나온 1차 상태의 경매물건에 적극 입찰하자.

기본적으로 저당권과 가압류는 무조건 말소된다. 말소기준권리를 찾아서 말소기준권리 전후의 이해관계를 확인하면 된다. 경매를 통해 말소기준권리보다 뒤에 위치하는 후순위 권리들은 깨끗이 소멸된다.

경매 관련 사이트들을 보면 말소기준권리가 표시되어 있고 말소기준권리보다 우선된 권리가 있는 경우에는 표기가 되어있다. 이런 물건들은 낙찰 후에도 추가로 권리관계 해소를 위해 비용이 들어간다. 말소기준권리보다 우선된 권리가 없는 물건이 우리가 경매하기 좋은 물건들이다.

### ③ 임장하기

우선 인터넷으로 시세를 확인하고 주변을 지도로 살핀 다음 근처 공인중개사무소에 들러 해당 물건에 대해 상의도 해보자. 중개사무소에 가서는 그냥 솔직히 경매로 나온 물건 상의하러 왔다고 해도 되고 아니면 경매 얘기 없이 손님인 것처럼 행동해도 된다. 중개사무소 가는 것을 두려워할 필요는 전혀 없다. 중개사무소는 많으니 불친절하고 불편하게 대하는 곳에서 힘 빼지 말고 다른 중개사무소로 가면 된다. 우리나라에 중개사무소는 정말 많다.

그리고 실제 경매할 물건에 직접 가서 확인한다. 초인종을 누르고 점유자에게 양해를 구하고 집을 둘러본다. 점유자는 경매로 인해 불안한 상태일 수 있으므로 집을 보기가 쉽지 않을 수도 있다. 그렇지만 시도해볼 필요가 있다. 물론 충분히 매너 있게 행동해야 한다. 설령 집을 못 보게 되었다 해도 너무 실망할 필요는 없다.

### ④ 대출 및 자금 준비하기

입찰보증금은 최저입찰가의 10·20%이나. 현금보다는 입찰 전 은행에 가서 수표로 준비하는 것이 좋다. 혹은 입찰하는 날 법원에 있는 은행을 이용하면 된다.

대출은 미리 알아보는 것이 좋다. 입찰 전 어느 정도 가능한지 몇 군데 알아보고 낙찰받은 후 더 본격적으로 알아보면 된다.

### ⑤ 입찰하기

입찰 양식은 미리 인터넷이나 책에서 보고 어떻게 쓸지 준비해간다. 경매일에 대법원 주차장이 붐빌 수 있으니 시간에 늦지 않게 가는 것이 좋다. 경매 입찰표는 다음와 같이 생겼다.

경매입찰표는 경매장에 가면 비치가 되어있지만 법원경매정보 사이트 (courtauction.go.kr)에 들어가 '경매지식' 메뉴의 '경매서식' 페이지에서 다운받을 수 있다. 미리 다운받아서 작성해 가져가는 것도 경매장에서 허둥대지 않는 좋은 방법이다.

### ⑥ 낙찰 및 매각허가결정

낙찰되면 입찰보증금은 계약금 형태로 들어가서 회수하지 못하게 된다. 낙찰 후에는 매각허가결정과 매각허가결정의 확정을 기다려야 한다. 각

(앞면)

# 기 일 입 찰 표

지방법원 집행관 귀하　　　　　　　　　입찰기일 :　　년　　월　　일

| 사건번호 | | 타 경　　　　　호 | 물건번호 | ※물건번호가 여러개 있는 경우에는 꼭 기재 |
|---|---|---|---|---|

| 입찰자 | 본인 | 성 명 | | 전화번호 | |
|---|---|---|---|---|---|
| | | 주민(사업자)등록번호 | | 법인등록번호 | |
| | | 주 소 | | | |
| | 대리인 | 성 명 | | 본인과의 관계 | |
| | | 주민등록번호 | | 전화번호 | - |
| | | 주 소 | | | |

| 입찰가격 | 천억 | 백억 | 십억 | 억 | 천만 | 백만 | 십만 | 만 | 천 | 백 | 십 | 일 | 원 | 보증금액 | 백억 | 십억 | 억 | 천만 | 백만 | 십만 | 만 | 천 | 백 | 십 | 일 | 원 |
|---|---|---|---|---|---|---|---|---|---|---|---|---|---|---|---|---|---|---|---|---|---|---|---|---|---|---|

| 보증의 제공방법 | □ 현금·자기앞수표 □ 보증서 | 보증을 반환 받았습니다. 입찰자 |
|---|---|---|

주의사항,
1. 입찰표는 물건마다 별도의 용지를 사용하십시오. 다만, 일괄입찰시에는 1매의 용지를 사용하십시오.
2. 한 사건에서 입찰물건이 여러개 있고 그 물건들이 개별적으로 입찰에 부쳐진 경우에는 사건번호외에 물건번호를 기재하십시오.
3. 입찰자가 법인인 경우에는 본인의 성명란에 법인의 명칭과 대표자의 지위 및 성명을, 주민등록란에는 입찰자가 개인인 경우에는 주민등록번호를, 법인인 경우에는 사업자등록번호를 기재하고, 대표자의 자격을 증명하는 서면(법인의 등기사항증명서)을 제출하여야 합니다.
4. 주소는 주민등록상의 주소를, 법인은 등기기록상의 본점소재지를 기재하시고, 신분확인상 필요하오니 주민등록증을 꼭 지참하십시오.
5. 입찰가격은 수정할 수 없으므로, 수정을 요하는 때에는 새 용지를 사용하십시오.
6. 대리인이 입찰하는 때에는 입찰자란에 본인과 대리인의 인적사항 및 본인과의 관계 등을 모두 기재하는 외에 본인의 위임장(입찰표 뒷면을 사용)과 인감증명을 제출하십시오.
7. 위임장, 인감증명 및 자격증명서는 이 입찰표에 첨부하십시오.
8. 일단 제출된 입찰표는 취소, 변경이나 교환이 불가능합니다.
9. 공동으로 입찰하는 경우에는 공동입찰신고서를 입찰표와 함께 제출하되, 입찰표의 본인란에는 "별첨 공동입찰자목록 기재와 같음"이라고 기재한 다음, 입찰표와 공동입찰신고서 사이에는 공동입찰자 전원이 간인 하십시오.
10. 입찰자 본인 또는 대리인 누구나 보증을 반환 받을 수 있습니다.
11. 보증의 제공방법(현금·자기앞수표 또는 보증서)중 하나를 선택하여 ☑표를 기재하십시오.

기일입찰표

절차마다 1주일 정도 걸린다. 낙찰 후 임차인(점유자)의 연락처를 법원에서 받을 수 있다. 법원을 방문하여 경매사건기록 열람을 통해서 확인이 가능하다.

### ⑦ 대출 및 잔금 납부하기

매각허가결정이 나면 곧 잔금 납부 요청을 받게 되고 낙찰일로부터 30~45일의 기간이 주어진다. 잔금을 준비하고 부족한 돈은 대출을 받아 납부하면 비로소 내 소유가 된다. 사전에 대출을 약간 알아보았다면 이제는 실제 대출을 위해 여러 금융기관의 대출 조건을 비교해야 한다. 금융기관마다 조건이 다르므로 귀찮아도 10군데 이상 전화해서 확인하는 것이 좋다.

### ⑧ 명도하기

명도는 경매물건에서 점유자를 이사 보내는 절차를 뜻한다. 낙찰받은 집에 살고 있는 집주인이나 세입자는 새 소유자에게 집을 내주어야 하는 입장이니, 그리 유쾌한 과정이 아닐 것이다. 그러므로 명도는 초보자들에게 가장 부담되고 꺼려지는 절차이다. 하지만, 결론부터 말하면 크게 걱정 안 해도 된다.

처음 해보면 겁도 나고 부담이 될 수도 있지만 내 집을 점유하고 있는 사람들을 합법적으로 이사 보내는 것이다. 당연한 절차이니 무서워할 것 없다. 오히려 상대방이 낙찰자를 불편해하는 경우가 더 많다. 살고 있는 사람을 내보내는 것이므로 시간이 걸릴 수는 있지만 걱정할 만한 일은 아니다. 대부분 큰 문제 없이 해결된다.

### ⑨ 전세 및 월세 주기

명도한 물건은 전세든 월세든 빨리 세를 주어야 한다. 전세라면 전세금으로 대출을 갚아버려야 하고 월세라면 대출을 받아 수익률을 높이는 임대수익 세팅을 해야 한다.

경매물건은 관리가 안 되어서 손상된 경우가 많으므로 도배, 장판 같은 인테리어를 해서 깔끔하게 부동산에 내놓으면 좋다. 어차피 경매로 시세보다 싸게 매수했으니 전월세도 시세보다 좀 싸게 주어도 손해는 아닐 것이다.

이렇게 한 번 전체 과정을 경험하는 것이 중요하다. 경매에 대해 자신감이 붙으면 부동산투자를 장기적으로 잘할 수 있도록 돕는 유용한 도구를 확보하게 되는 것이다.


## 월급쟁이를 위한 경매 조언

경매는 시세보다 싸게 부동산을 살 수 있는 좋은 방법이다. 하지만 최근의 경매시장은 예전에 비해 일반인들의 참여가 많아져 바쁜 직장인 투자자들은 낙찰도 못 받고 시간 낭비만 할 가능성이 크다.

직장인 투자자라면 경매를 통해 얻고 싶은 부동산에 대해 명확히 할 필요가 있다. 일단 인기 지역에 맞는 중소형평수의 아파트는 경쟁이 치열해 경매로 매수하기 쉽지 않다. 낙찰받기 수월하고 수익을 기대할 수 있는 부동산 물건은 인기 지역 중소형 아파트보다 빌라, 상가, 토지, 오피스텔, 대형평수 아파트이다.

경매를 하다 보면 특수물건에 도전하고 싶은 욕심이 든다. 물론 정확하게 권리분석을 할 수 있다면 특수물건이 큰 수익을 보장할 수 있다. 하지만 신경 쓸 게 많아서 바쁜 직장인 투자자는 마음고생을 할 수 있다. 이것을 충분히 염두에 두고 접근해야 한다.

초보 투자자라면 상가투자는 권하지 않는다. 상가는 주거용 물건 투자 경험을 바탕으로 내공이 쌓인 다음 도전하기로 한다. 토지는 아예 장기 투자로 생각하고 없어도 되는 돈으로 투자해야 한다. 모든 사람이 어딘가에는 거주 해야 하니 아파트나 빌라 등의 주거용 부동산은 수요가 풍부하다. 초보자는 주거용에 투자하자.

상가의 경우는 또 다르다. 상권이 좋고 장사가 잘 되면 임대도 잘 나가고 매매도 잘 되겠지만 무너지고 있는 상권에 있는 상가나 상권이 형성되기 전의 상가 투자는 매우 위험하다.

주거용 부동산인 아파트, 빌라, 오피스텔은 시세가 하락한다고 해도 전세가격이 아래에서 지지해주기 때문에 큰 폭의 시세하락을 걱정하지는 않아도 된다. 또 주거용 부동산은 혹시라도 임대가 안 되는 최악의 상황이 오면 본인이나 가족이 들어가서 살 수도 있다.

하지만 상가는 다르다. 상가나 빌딩은 순수 상업용의 부동산이다. 수익을 내기 힘든 상권에 갇혀 버리면 아주 싼 가격에도 임대가 안 되고 더 큰 문제는 아주 싼 가격에도 매도가 안 된다는 것이다. 상가의 특성상 관리비가 높기 때문에 비싼 관리비와 이자만 내는 최악의 상황에 빠질 수도 있다. 그럼에도 불구하고 상가는 투자자라면 향후 포트폴리오에 꼭 넣어야 하는 종목이다. 특히 지금과 같이 부동산 규제가 심할 때는 더욱 관심을 받는 부동산이 상가이다.

상가를 잘못 선택하면 앞에서 설명한 것과 같이 큰 어려움을 겪을 수 있지만 반대로 잘 선택하면 임대수익은 물론이고 시세차익도 크게 볼 수 있다. 잘되는 상가 하나만 가지고 있어도 노후가 해결될 수 있기 때문에 상가에 대한 사람들의 관심은 떨어지지 않을 것이다.

상가 투자를 한다면 아래 2가지 내용을 꼭 기억하자.

### ① 1층 상가에 투자하자

상가는 1층과 2~3층의 차이가 매우 크다. 가격이 비싸도 1층에 투자하자.

### ② 상권이 형성된 곳에 투자하자

상권을 만드는 일은 생각보다 힘드니 본인 스스로 하지는 말자. 상권이 형성된 곳에 들어가자. 특히 분양상가, 초기 신도시상가, 테마상가 투자는 초보 투자자가 절대 투자해서는 안된다.

아파트 경매에서 중소형평수는 경쟁이 매우 치열해서 낙찰받아 수익을 남기기 힘들다. 차라리 급매로 사는 게 나은 경우도 많다. 경매장에 가면 분위기에 휩쓸려 고가 낙찰을 받는 사람도 볼 수 있다. 충분히 시세 조사를 하고 미리 입찰가를 정해두어 꼭 미리 정해둔 금액으로 입찰하자.

# 월급 외의 달콤한 소득, 임대수익에 도전하다

# 2008~2014년
# 부동산 시장상황과 투자전략

노무현 정권 시기(2003~2008년)에 정부는 급등하는 부동산 가격을 잡기 위해 많은 규제정책을 내놓았으나 효과를 보지 못했다. 하지만 노무현 정권이 끝나갈 무렵인 2008년, 상승세가 진정되기 시작했다. 이것은 규제의 영향도 있었지만 지속적인 급등에 따른 피로감 때문이기도 했다.

옆의 그래프에서 보듯이 노무현 정부 시절 서울 아파트 매매가격 지수는 급상승하였다. 거의 모든 아파트의 시세가 크게 상승해 회사를 가면 서로 본인들 집값 상승에 대해 자랑하는 것을 종종 들을 수 있었고 부동산 전문가들의 부동산투자 강의 역시 많아졌다.

예를 들면 서울의 2억원대 34평 아파트들의 시세가 이 시기에 두 배 이상 뛰어 4억원~5억원 되는 것이 흔한 일이었다.

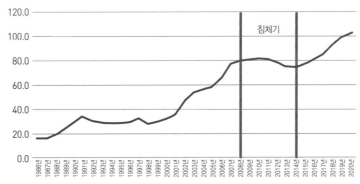

서울 아파트 매매가격 지수(출처: KB부동산)

| 시기 | 대책 | 내용 |
|---|---|---|
| 2003년 | 5 · 23대책 | • 재건축 후분양제<br>• 재건축 안전진단 강화<br>• 300가구 이상 주상복합 아파트 전매금지<br>• 투기과열지구 확대 |
| | 9 · 5대책 | • 재건축 소형평형 의무비율 도입<br>• 재건축 조합원 지위 양도 금지 |
| | 10 · 29대책 | • 주택거래신고지역 지정<br>• 다주택 양도세(3주택) 강화(세율: 60%)<br>• 재건축 임대주택 의무비율 도입<br>• 투기과열지구 확대<br>• 종합부동산세 2005년 시행 |
| 2005년 | 2 · 17대책 | • 채권 · 분양가 병행입찰제 도입<br>• 재건축 안전진단 강화<br>• 초고층 재건축 불허 |
| | 5 · 4대책 | • 1가구 2주택자 비거주주택 양도세 실거래가 과세<br>• 보유세 강화 |
| | 8 · 31대책 | • 종합부동산세 대상 6억원 초과로 강화<br>• 재산세 과표적용률 상향 조정<br>• 분양가상한제 중대형으로 확대<br>• 중대형에 채권 입찰제 시행<br>• 다주택자(2주택자) 양도세 강화<br>• 송파신도시 건설<br>• 생애 최초 대출 부활<br>• 기반시설 부담금제 도입<br>• 분양권 전매제한 강화 |
| 2006년 | 3 · 30대책 | • 재건축초과이익환수제<br>• 재건축 안전진단 기준 강화<br>• 고가주택 대출 요건 강화 |
| | 11 · 15대책 | • LTV 규제 강화 |

노무현 정부의 주요 부동산 정책

이런 시점에 서브프라임 모기지 사태가 벌어졌다. 부동산 시장을 강타한 핵폭탄이었다. 2000년대 미국은 경기부양을 목적으로 저금리를 유지하였다. 많은 이들이 주택담보대출(Mortgage Loan)을 저금리로 받아 주택을 샀다. 참고로 신용이 되는 사람들을 대상으로 한 대출이 프라임 모기지(Prime Mortgage)였다.

금융회사들은 대출실적을 높이기 위해 신용등급이 낮은 이들에게도 경쟁적으로 대출을 해주었고 이 대출이 서브프라임 모기지(Sub-prime Mortgage)이다.

금융회사들의 대출 실적경쟁으로 과도한 대출이 쌓여갔고 너도나도 대출을 받아 부동산을 샀으니 부동산 가격이 급등했다. 이에 정부가 과열된 시장을 안정시키기 위해 기준금리를 인상하기 시작했다. 과도한 대출을 받은 사람들은 대출 이자와 원리금을 상환하지 못하는 상황에 처했고 대출 상환이 안 되면서 금융회사들이 파산하였으며 연쇄적으로 부동산 가격폭락을 불러왔다. 이것이 2008년의 서브프라임 모기지 사태이다.

미국의 이러한 위기는 세계 금융시장에 영향을 주었고 우리나라도 크게 타격을 받았다. 미국의 은행들이 줄파산하면서 세계 경제위기가 왔고, 우리나라 은행에서도 자체적으로 대출한도를 줄이는 등의 영향이 있었다.

부동산은 대중심리에 크게 영향을 받는다. 대중의 군중심리는 참 무서운 것이다. 아파트 가격을 최상위권에 올려놓기도 하고 때로는 거래절벽을 만들기도 한다.

상승하던 부동산 시장은 이명박 정권이 시작된 2008년 무렵 순식간에 냉각되기 시작했다. 이때부터 재개발·재건축 물건의 시세가 하락하여 침체기의 시작을 알렸다. 부동산 정체기나 하락기가 오면 재개발·재건축은 일반 아파트보다 먼저 영향을 받는다. 내리는 시세의 폭도 일반 아파트보다 훨씬 더 크다. 투자수요가 대부분이기 때문이다. 재개발·재건축은 상승장에서는 늦게 시동이 걸리고 하락장에서는 가장 먼저 큰 폭으로 하락하게 된다.

부동산 세금정책과 관련한 재미있는 기억이 있다. 노무현 정권 말기에 노무현 대통령이 직접 그동안 정부에서 발표한 부동산 규제정책은 지속될 것이라고 발표하였다.

### "국민이 만든 부동산 정책 다음 정부 못 뒤집어"

노무현 대통령은 25일 청와대에서 열린 새해 내외신 기자회견에서 남북 정상회담과 열린우리당의 탈당 움직임, 부동산 문제 등 주요 국정 현안에 대한 견해를 밝혔다. (중간 생략)

"지금까지 이렇게 강력한 부동산 대책이 채택된 적이 있나. 유동성 통제도 확실히 하고 국세청 세무조사도 확실히 할 것이다. 목숨을 걸고 부동산 투기를 해도 재미를 못 볼 거다. (집값이) 더 올라가면 더 강력한 걸 준비해내겠다. 참여정부가 끝나면 다 뒤집어질 거 아니냐고 하는데, 그렇지 않다. 국민이 만든 제도이기 때문에 다음 정부에서 뒤집지 못할 거다. 다음 대통령이 될 사람은 (현재) 부동산 정책에서 무엇을 고칠지 내놓아야 한다."

〈한겨레신문〉, (2007년 1월 25일)

하지만 노무현 정권의 기대와는 반대로 이명박 정권은 처음부터 잘못된 부동산 규제정책을 완화해나가겠다고 밝혔다. 이명박 정부는 부동산 규제를 풀어 집값을 안정화시킨다는 목표로 이를 실행하였다. 세금이 줄어

드니 집을 보유한 사람들도 기뻤고 결국 집값이 잡혔으니 무주택자들도 기뻤던 때였다.

문재인 정권은 지금까지 부동산 규제정책을 계속 발표하였지만 과연 집값을 잡을 수 있을지는 미지수다. 집값 상승의 원인을 세금으로만 돌려서 계속되는 증세로 집 가진 사람에게는 세금의 고통을 주고 무주택자들은 집값 상승으로 내 집 마련이 힘들게 된 것이 아니냐는 비판도 나오고 있다.

> **"부동산 규제 풀어 집값 잡는다"**
> 'MB 역발상' 거래·공급·택지 늘려… 강남 집값은 기대감에 '들썩'
> '3대 부동산 규제를 풀어 집값을 안정시켜라'
>
> ---
>
> 노무현 정부의 '최대 실정'으로 지목되는 부동산 정책을 앞으로 이명박 정부가 어떻게 풀어갈지 관심이 모아지고 있다. 현 정부가 세금, 재개발·재건축, 택지제한공급의 3대 규제로 일관했던 것과 달리 이명박 정부는 규제를 과감히 푸는 'MB식 역발상'으로 집값을 안정시키겠다는 복안이다.
>
> 〈문화일보〉, (2007년 12월 21일)

부동산은 군중심리에 크게 좌지우지된다. 이런 규제완화정책과 서브프라임 모기지 사태로 인해 집값은 잡힌 정도가 아니라 하락하기 시작했고 전국에 미분양 아파트 물량이 쌓이게 됐다.

지금이야 분양경쟁률이 정말 높지만 부동산 하락기에는 분양이 쉽지 않다. 지금 인기 있는 많은 유명 아파트가 이 시기에는 미분양으로 고생하였다. 반포자이, 반포래미안퍼스티지, 반포써밋, 반포래미안아이파크,

타워팰리스, 트리마제, 위례더힐, 위례엠코, 고덕래미안힐스테이트, 왕십리텐즈힐, 마곡아파트 모두 이 시기에 분양을 했고 결과는 미분양이었다.

다음은 반포자이에 이은 반포래미안퍼스티지 미분양과 관련된 신문기사이다.

---

### "반포래미안, 너마저…" 분양 미달사태 발발
부동산거품 파열 가속, 평당 3천만원 넘는 고분양가가 주범

강남 노른자위인 서울 서초구 반포주공2단지를 재건축한 반포래미안퍼스티지아파트가 청약 1순위에서 미달돼, 건설업계에 큰 충격을 안겨주고 있다.

〈뷰스앤뉴스〉, (2008년 10월 16일)

---

이때 나는 모델하우스를 열심히 찾아다녔는데 여러 미분양 아파트 분양팀에서 특별한 조건을 내세우며 줄기차게 연락을 해왔다. 불과 십여 년전의 일이다.

그 당시 몇몇 지인에게 반포 미분양 아파트를 추천했는데 대부분 너무비싸다고 선뜻 계약에 나서지 않았고 지인 한 명만이 좋은 조건으로 계약했다. 그분 역시 계약 직전까지도 앞으로 아파트 가격이 떨어지면 어쩌나 하는 걱정을 했던 것이 기억난다.

청약 1순위 조건도 시장상황에 따라 바뀐다. 지금이야 1순위 조건이 까다롭지만 이 시기처럼 부동산 경기가 안 좋아 미분양이 많이 늘어나면청약 1순위 조건도 매우 완화된다. 그냥 청약통장 가입 후 1년만 지나면

세대주 상관없이 누구나 1순위가 되던 시절이었다. 1가구에 1순위 통장이 여러 개가 되는 경우도 있어 같은 청약에 가족들이 1순위로 함께 지원할 수도 있었다.

내 주위의 많은 사람들이 이때 본인 소유 주택을 팔고 전세를 선택했다. 집값이 안 오르고 심지어 떨어지고 있으니 전세를 사는 게 더 낫다고 판단했던 것이다. 안타깝게도 이들 중 상당수가 부동산 상승장이 다시 찾아왔을 때 참여하지 못했다. 그래서 어떠한 경우에도 내 집 하나는 있어야 한다.

이 부동산 하락기는 7~8년 이상 지속되었다. 많은 이들이 힘들었던 시기이다. 과도한 레버리지 투자를 한 사람들 중에는 파산을 한 사람도 있었다. 심지어 뉴스에서 생명을 스스로 끊는 사람들에 대한 보도도 나오곤 했다. 공동투자자 간의 의견차이로 다툼이 많았으며 심지어 사기혐의로 유치장 신세를 지게 된 투자 저명인사들도 있었다.

집은 있지만 집값이 내려가서 대출금에 허덕이는 사람들을 하우스푸어라 부르기 시작했다. 이는 이 당시 심각한 사회적 문제였다. 다음은 하우스푸어에 대한 기사이다.

내 직장 동료였던 L군은 한때 경매로 빌라를 10채 이상 낙찰받았다. 경매를 통해 부동산 자산을 늘린 L군은 많은 동료의 부러움을 받으며 직장을 그만두고 전업투자가의 길로 들어섰다.

L군은 대부분의 물건을 대출을 활용해 취득했다. 부동산 경기가 좋을 때라 매도도 문제없었고 임대도 잘 나갔다. 그러나 부동산 경기가 꺾이고 나니 과도한 대출을 받은 게 문제가 되었다. 부동산 숫자 늘리기에 집중했던 L군은 급하게 보유 빌라를 팔려고 했지만 부동산 경기가 꺾인 상태

**팔리지도 않는 깡통매물… 속 타는 '하우스푸어'**

집값은 바닥… 중도금 이자폭탄 맞은 수요자들 '한숨'

---

최근 소비자 물가인상률은 가파른 상승세를 보이고 있는 반면 주택시장은 연일 바닥을 치고 있다. 여기에 가계대출을 비롯한 주택담보대출 금리 역시 덩달아 오름세를 보이면서 잔금납부가 임박한 입주자들이 깡통매물 처분을 못해 아우성치고 있다.

결혼 10년차 직장인 손모씨(46)는 지난해 재테크 목적으로 용인 성복지구 내 대단지 미분양 아파트에 손을 댔다가 졸지에 오갈 데 없는 하우스푸어로 전락할 위기에 놓였다.

서울에서 직장을 다니고 있는 손씨는 지난 2009년 용인 성복지구에 공급한 40평형대 아파트 미분양 물량을 분양 초기 당시 가격보다 저렴하게 매입했다.

〈뉴스핌〉, (2011년 11월 11일)

---

라 쉽지 않았다. 더욱이 매도할 물건이 빌라여서 더 어려웠다. 빌라는 매수가 쉽지만 매도는 힘든 경우가 대부분이다.

그 후 L군과 연락이 갑자기 안 되었다. 부동산 경기가 어려워서 곤경에 처했다는 소문만 들려왔다. 나중에 들으니 결국 보유물건이 차례대로 경매에 넘어갔다고 한다.

어려운 시기를 겪은 L군은 다시 회사에 취직하려고 했으나 꽤 오랜 기간 직장을 떠나있었기 때문에 이전 수준의 회사에는 취직할 수 없었다. 결국 이전 회사의 작은 거래처에 취직해서 다시 회사생활을 하고 있으며 부동산투자는 쳐다도 보지 않는다고 한다. 부동산투자는 리스크 관리를 소홀히 하면 이렇게 실패할 수도 있다.

전에 부동산 분야 베스트셀러 저자로 유명하고 TV에도 자주 출연했던 부동산투자 전문가분을 찾아간 적이 있다. 강의를 듣고 개인 면담도 했다. 그분은 실제로 보니 굉장히 기가 세고 터프한 분이었다. 어느 날 같이 수업을 들은 학생과 그분과 같이 일하는 직원들에게서 연락이 왔는데 놀랍게도 그분이 수강생과의 문제로 사기죄로 구속되었다고 했다. 부동산 상승기에는 부동산 전문가, 고수들이 많아진다. 하지만 하락장에서는 소리 소문 없이 사라지기도 한다.

친구 H는 영종도 신도시에 40평대 아파트를 4억원대에 분양받고 대출을 3억원 정도 받았다. 40평의 새 아파트는 세 식구가 살기에 매우 쾌적했으며 집들이도 많이 하고 친구들의 부러움을 샀었다. 하지만 부동산 경기가 안 좋아지자 집값이 떨어져서 집의 시세가 대출금 수준으로 하락하였다. 이 집을 팔고 대출금을 갚으면 돈이 전혀 남지 않으므로 다른 곳으로 이사 가기도 막막하였다. 그래서 어쩔 수 없이 대출이자를 내면서 살 수밖에 없는 하우스푸어가 됐고 나를 비롯한 여러 친구들에게 돈 빌리는 처지가 되었다. 친구 모임에도 나오지 않더니 언제부터인가 연락이 안 되고 소식을 아는 친구도 없게 되었다.

부동산 하락장에도 투자는 지속할 수 있다. 물론 상승장에서처럼 적극적인 투자는 안 되겠지만 소극적이고 방어적인 투자를 하면 된다. 대표적인 것이 임대수익 투자, 월세세팅 투자이다. 즉, 시세상승이 아니라 임대수익을 목표로 하는 투자이다. 임대수익 부동산의 월세수익이 대출이자와 세금 이상이라면 투자를 안 할 이유가 없다. 또한 꾸준히 월세수익이 나는 물건은 오래되어도 매도할 이유가 없다.

똑같은 돈을 투자했을 경우 수익률은 '상가 > 오피스텔 > 아파트' 순으로 높다. 그러므로 부동산 정체기나 하락기에는 아파트보다 상가나 오피스텔이 인기가 있기 마련이다.

이때 KB부동산 시세를 보면 한동안 정체되어 있다가 조금씩 내려가기 시작했으므로 시세상승기를 지나 부동산 조정기가 오고 있음을 직감했다. 시세상승을 목표로 대출받아 매수한 아파트는 매도하는 것이 목표가 되었고, 월세가 나오는 임대수익용 부동산으로 세팅하는 것이 새로운 목표가 되었다.

일단 큰 그림에서 당분간 부동산투자는 쉬어가야 겠다고 생각했다. 이 기회에 직장일에 더 매진하는 것도 나 자신에게 좋은 일이라고 생각하며 천천히 임대수익용 부동산을 알아보기로 했다. 임대수익용 부동산투자는 급할 게 없다. 애초에 시세상승을 목표로 하는 것이 아니므로 시세상승용 부동산처럼 급하게 결정해야 하는 경우도 많지 않다.

임대수익용 부동산은 상가가 대표적이다. 하지만 상가는 100% 업무용이므로 공실 리스크가 있고 가격이 비싸다. 그래서 상가와 아파트의 중간격인 오피스텔 투자에 관심을 두었다. 오피스텔은 업무용으로도 가능하고 주거용으로도 가능하므로 상가와 아파트의 장점과 단점을 모두 가지고 있다. 아파트보다 시세상승률이 높지는 않지만 임대수익은 월등하다. 한편 상가보다는 임대수익이 크지 않지만 공실 리스크가 없고 가격이 싸다.

# 하락기 리스크 관리,
# 쉬는 것도 답이다

## 하락기에는 임대수익용 부동산으로 세팅하라

부동산 시세가 항상 오르는 것은 아니다. 거시적이고 장기적인 시세 그래프에서는 우상향을 그리지만 꽤 오랜 기간의 조정기가 올 수도 있다는 것을 명심해야 한다.

부동산은 군중심리에 크게 영향을 받는다. 부동산 상승기에는 부동산이 절대 안 떨어진다고들 하고 '강남불패' 같은 말이 자주 등장한다. 하락기를 경험해본 사람들은 이런 말들이 얼마나 위험하고 잘 모르고 하는 말인지를 안다. 묻지마 투자로 가격이 급등하는 경우가 있는가 하면 이유 없이 매수세가 실종되는 때가 오기도 한다.

실제 부동산 하락기에는 언제 그랬냐는 듯이 태도가 180도 바뀐다. 이때는 세금으로 다 뜯기는데 왜 부동산투자를 하느냐는 말을 자주 듣게 된다.

2008년 즈음, 거듭되는 부동산 규제정책이 나온 상태에서 서브프라임 모기지 사태까지 발생해 국내 부동산은 하락기에 접어들었다. 부동산에 투자한 사람들은 힘들어했고 이제 부동산투자는 끝났다고 했다.

나 역시 하락기에 매주 KB부동산 시세표가 떨어지는 것을 보면서 불안감을 느꼈다. 리스크에 대비하기 위해 보유물건들의 매도에 나섰고 매매가 힘든 시기였지만 다행히 나의 물건은 매매가 잘 되었다.

부동산 하락기에 어떻게 매도를 잘했냐고 가끔 질문을 받고는 한다. 사실 별거 없다. 하락기에도 매매가 되었던 이유는 시세보다 훨씬 싸게 내놓았고 내가 보유했던 물건은 개발호재를 등에 업은 물건들이었기 때문이다. KB부동산 시세 하한가보다 아래로 매도했지만 내 기준에서는 충분한 수익을 거두었으므로 투자자로서 미련 없는 선택이었다.

하락기에는 시세차익용 보유물건 개수를 줄이고 임대수익용 부동산에 투자하면서 쉬어가는 느낌으로 부동산 시장을 관망하는 것도 좋은 방법이다.

## 부동산 하락기의 그래프 분석

부동산 정체기나 하락기에 상승기 때처럼 시세의 상한가로 매도하려면 당연히 팔리지 않고 그러다 시세하락을 그대로 경험하게 된다. 투자자라면 매도해야 하는 물건은 시세 이하로 빨리 매도할 수 있는 용기도 필요하다. 부동산 상승기에는 시세차익용 아파트에 투자하고 부동산 하락기에는 임대수익용 오피스텔이나 상가에 투자하는 것이 투자의 일반적인 방법이다. 실거주용 부동산과 시세차익용 부동산, 임대수익용 부동산의 포트폴리오를 시기마다 적절히 구성하여 리스크를 줄이자. 하락기에 투자할 때는 대형평수보다 중소형평수가 안정적이다. 하락기에는 강남이라고 해도 별 수 없다. 다음 그래프를 보면 이해가 될 것이다.

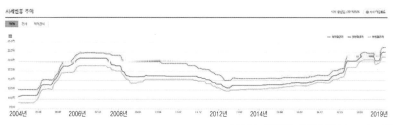

**도곡렉슬 대형평수 시세 변화(2004~2019년)**

도곡렉슬 대형평수의 시세 그래프를 보면 분양 후 부동산 상승기인 2006년, 2007년까지 시세가 올랐다가 침체기를 맞으며 하락했다. 그 후 부동산 상승기인 2013년에도 큰 변화가 없었다. 부동산 상승세가 지속되면서 결국 2017년경부터 대형평수도 영향을 받게 된다. 실거주라면 얘기가 다르겠지만 투자로만 본다면 좋은 선택은 아닌 것이다.

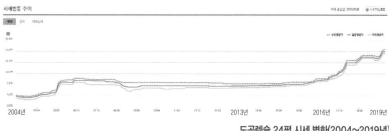

**도곡렉슬 24평 시세 변화(2004~2019년)**

반면 도곡렉슬 24평의 시세 그래프 변화는 안정적이다. 부동산 하락기에도 큰 하락 없이 시세방어를 해냈다.

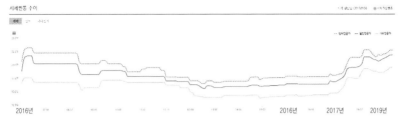

잠실 레이크팰리스 대형평수 시세도 앞서 살펴본 도곡렉슬 대형평수와 마찬가지로 그래프가 그리 고르지 못하다. 분양 후 가격이 많이 하락했고 10여 년 만에 예전 가격을 회복했다. 물론 최근에는 더 오른 것으로 알고 있다.

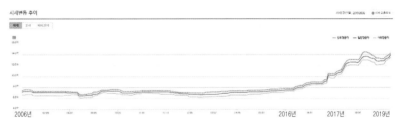

잠실 레이크팰리스 24평 시세 변화(2006~2019년)

잠실 레이크팰리스 24평 시세 그래프를 보면 중소형은 역시 하락장에서 가격방어를 해내고 오를 때 크게 오른다는 것을 알 수 있다.

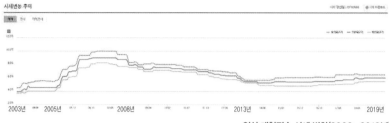

**일산 대형평수 시세 변화(2003~2019년)**

일산 대형평수의 시세도 앞의 대형평수와 비슷하게 오랜 기간 상승이 없
었고 부동산 상승기에도 조용한 편이다. 반면 일산 소형평수는 다르다.
상승장에 반응해서 소폭이지만 시세상승이 일어났다.

# 오피스텔 투자로
# 임대수익을 만들어라

## 매달 월급 외 소득을 만들어주는 오피스텔 투자

투자를 지속하다 보니 시세차익도 좋지만 임대수익을 얻고 싶었다. 20대부터 직장생활을 하면서 주변을 보니 40대 중후반에 퇴직을 강요받는 경우가 꽤 있었다. 이런 상황들을 보며 하루 빨리 월급 외의 소득을 만들어야겠다는 생각이 들었다. 가장 먼저 평촌의 오피스텔을 매수했다. 이를 시작으로 인천, 강남, 송파, 마곡 등에 오피스텔 투자를 이어갔다.

평촌역 근처에 오피스텔이 많아 가보니 살기 좋아 보이고 근처에 일자리도 많아 보여서 임대수요가 많으리라 생각했다. 처음 투자하는 오피스텔이라서 마음이 불안하기도 했지만 일단 투자하기로 하고 중개사무소를 통해 무척 많은 오피스텔을 보았다.

많은 중개사무소를 다니며 다양한 매물을 보았더니 나중에는 중개사무소 사장님들이 나를 기피하기도 했다. 부동산투자가 사실 이렇게 발품을 오래 팔아야 하는 경우가 많다. 남들이 보기에는 쉽게 투자하는 것처럼 보여도 한 번의 투자를 위해서 무척 많은 시간을 발품을 팔며 보내게 된다. 이렇게 오랜 기간 살까 말까 망설이며 평촌역 근처 오피스텔을 구경 다니다 보니 어느 순간 그냥 사도 괜찮겠다는 확신이 들었다.

무엇보다 월세수익을 경험해보고 싶었고, 시세가 크게 떨어지지는 않을 거라는 생각이 들었다. 결심이 서자 매수는 일사천리로 끝났다. 몇 년 월세를 받다가 좀 높은 가격으로 매도도 시도했다. 조금 시간은 걸렸지만 수월하게 매도되었다.

이 평촌 오피스텔의 경험을 바탕으로 강남역, 잠실운동장역, 인천시청역, 마곡나루역, 장지역 등의 상업지구 오피스텔에 공격적인 투자를 잇따라 할 수 있었다.

강남역 오피스텔의 경우는 10년 이상 된 오피스텔을 매수해서 몇 년 보유하면서 월세를 받다가 구매가격보다 꽤 높은 금액으로 매도를 시도했다. 역시 시간이 9개월 정도 걸렸지만 원하는 가격에 매도되었다. 위치만 좋다면 오래된 건물이라 해서 문제가 되지는 않는다. 처음에 오피스텔이 한 채 있을 때는 모든 게 어려웠는데 규모를 늘리니 임대사업이 점점 더 쉬워지는 것을 느낄 수 있었다.

오피스텔 투자는 대출을 통해 실투자금을 줄이고 대출이자보다 월세가 많게 세팅하는 것이 핵심이다. 오피스텔 월세는 보통 급등하거나 급락하지 않는다. 대출도 1년 만기이지만 매년 은행에서 자동연장을 해주기 때문에 문제될 것 없다.

오래된 오피스텔은 매도가 힘들고 시세차익도 없다면서, 주위에서 만류

하는 경우가 있다. 나의 경우에는 매도가 안 된 경우도 없을 뿐더러 시세 차익도 아파트보다 크지는 않지만 꽤 성과를 누릴 수 있었다. 애매한 상가보다는 공실 위험이 없고 임대수익도 좋다. 빌라보다는 매매가 훨씬 잘되기 때문에 매매가 안 될 걱정도 없다. 그리고 애초에 오피스텔 투자는 임대수익이 목표이고 시세차익은 덤으로 생각해야 한다.

## 오피스텔 수요가 앞으로 더 많아질 몇몇 지역

그동안 내가 오피스텔에 투자한 지역들 중 몇 군데를 살펴보겠다. 마곡지구는 오피스텔이 많지만 회사도 많으므로 풍부한 수요가 있다. 지하철 9호선, 5호선, 공항철도가 있어 교통도 매우 좋다. 게다가 공항 종사자들과 해외로 자주 나가는 사람들도 수요자로 볼 수 있다. 향후 마곡지구 개발이 완료되면 오피스텔 수요는 더 많아질 것으로 예상된다.

문정법조지구는 삼성동, 잠실과 가까운 업무지구이고 동부법원이 위치하니 법무 관련 회사가 많다. 또한 IT 회사들이 이쪽으로 이사를 많이 했다. 문정법조지구에 근무하는 사람들 중 가족단위 거주자들은 위례나 잠실 등 근처 지역을 찾겠지만 1인 거주자들은 문정법조지구 내의 오피스텔을 찾을 것이다. 현재 8호선 장지역이 있고 경전철 '위례신사선'이라는 강력한 호재도 있다.

인천시청역은 인천의 유명한 상업지구인 구월동 시가지가 있는 지역으로, 현재도 인천시청, 길병원 등이 있어 오피스텔 수요가 많다. 향후 GTX-B노선 인천시청역이 들어설 예정이므로 수요는 더 풍부해질 것으로 예상된다.

잠실은 향후 삼성동·잠실 개발계획의 직접적인 수혜처이다. 현재 삼성동의 오피스텔 가격은 매우 높은 편이지만 바로 옆인 종합운동장 근처 오피스텔은 가격이 아직 높지 않은 편이다. 향후 삼성동이 개발되면 수요가 많아질 것으로 예상된다.

## 실전 오피스텔 투자의 팁

오피스텔은 아파트보다는 임대수익이 좋고 투자금이 적게 든다. 아파트보다 시세차익은 적지만 지역 선정을 잘하면 시세상승도 충분히 가능하다. 빌라에 비하면 매매가 수월한 장점도 있다.

해외의 홍콩이나 런던 같은 도시는 초소형평수도 매매가나 임대료가 굉장히 높은 경우가 많다. 현재 우리나라도 강남권 초소형 아파트 10평형대의 매매가가 급등하면서 10억원 정도 하는 곳도 있다. 이런 점을 생각한다면 핵심 지역 소형오피스텔의 시세상승도 기대해볼 만하다.

오피스텔은 보유하더라도 주택으로 보지 않기 때문에 청약 1순위 자격은 유지된다. 하지만 오피스텔을 주거용으로 사용하면 국세청에서 주택으로 본다. 때문에 양도세 계산 시 주택의 경우를 따르므로 주의가 필요하다. 양도세가 부담된다면 업무용으로 임대를 해도 되고 주택임대사업자를 등록하면 거주주택 양도세 혜택도 가능하다.

오피스텔 투자는 철저히 상업지구의 역세권으로 한정하자. 층과 향은 크게 중요하지 않다. 창문 바로 앞이 완전히 막혀 있는 경우가 아니라면 괜찮다. 로열호수를 고르는 것보다 그냥 싸게 사는 것에 집중한다. 무엇보다 현재도 공실이 안 나고 향후 개발계획이 있어 임대수요가 풍부해질 곳으로 투자해야 한다.

## 오피스텔 투자 팁

### 1. 상업지구에 위치한 오피스텔을 선택한다.

이것이 가장 중요하다. 주위에 회사가 많아서 수요가 많아야 한다.

### 2. 역세권에 있는 오피스텔을 선택한다.

지하철 역세권은 필수이다.

### 3. 그 지역에서 가능한 좋은 오피스텔을 선택한다.

오피스텔 밀집 지역에서 가급적 가장 좋은 오피스텔을 선택한다. 가격 차이도 크지 않은 경우가 많다.

### 4. 물건 선택은 그냥 작고 싼 것으로 한다.

비싸고 좋은 물건보다 싼 물건이 수익 면에서 더 낫다. 주차장은 자주식 주차장의 선호도가 높다. 오피스텔의 경우 북향이든 서향이든 방향은 상관없다.

### 5. 분양보다 입주할 때 사는 게 더 나은 경우가 많다.

오피스텔 특성상 투자수요가 대부분이므로 입주할 때도 프리미엄이 크지 않은 경우가 많다. 중도금을 오랜 시간 내느니 입주할 때 사는 것을 추천한다.

# 다가구주택 투자로
# 임대수익을 늘려라

## 인천지하철 신규 예정지에 마련한 첫 다가구주택

다가주주택이 부동산투자의 꽃이라는 말이 있다. 온전한 내 땅에 지어진 건물에서 임대수익과 시세차익을 누릴 수 있으니 그런 말도 생긴 것일 것이다. 다가구주택을 소유해서 돈 걱정 없이 지내시는 친척 어르신 때문에 관심이 가기도 했다. 그 친척분은 단독주택을 다가구주택으로 재건축하셨는데, 집 앞으로 시장이 들어서면서 땅의 가치가 상승해 은행에서 재건축에 대한 대출이 잘 나오게 되었다. 1층은 상가, 그 위층은 다가구주택이며 최상층에는 본인이 직접 거주하셨다.

다가구주택을 보기 위해 서울, 용인, 인천, 천안 지역을 조사하였다. 직장생활이 바빠 직접 다 가보지는 못했고 전화로 상담하고 괜찮은 물건이 있다 싶으면 주말에 몰아서 공인중개사무소 직원과 돌아다니며 물건을 확인했다.

다가구주택을 보면서 놀라웠던 점은 대출과 전월세 보증금을 활용하면 생각보다 큰돈 안 들이고 구매 가능한 물건들이 있다는 것이다. 한편으로는 왠지 위험할 것 같다는 느낌도 들었다. 잘 모르는 분야에 대한 불안감이었다. 많은 가구를 보유하면 적정 임대료가 얼마인지도 헷갈릴 것 같았고 공실 없이 유지될지도 의문이었다.

결국 인천지하철 2호선 신규역 예정지 부근의 신축 다가구주택을 매입하기로 결정하고 계약금을 지불하였다. 부근에 공단이 2개 있고 시장도 있어서 임대수요가 풍부하고 무엇보다 인천지하철 2호선 신규역 공사를 하고 있는 점이 마음에 들었다. 보유하다가 마음에 안 들면 지하철역이 생긴 다음에 매도하면 될 것이라고 생각했다.

이 다가구주택의 계약금을 넣고 나서 실수하는 것이 아닌가, 사기를 당하는 것은 아닌가 싶어 마음고생을 많이 하였다. 결국 공인중개사무소에 연락해 계약해지를 원하니 계약금 반환이 가능한지 알아봐달라고 하고 매도자와 직접 통화도 했는데 계약금을 포기하고 해약하라는 답변이 돌아왔다. 상대는 다가구 전문 건축회사여서 일체의 양해가 없었다. 계약금 액수가 꽤 컸기에 결국 매수하기로 마음을 바꿔 먹었다.

다행히 물건에 대한 거짓된 정보는 없었고 임차인들도 월세를 밀리지 않고 잘 내는 편이었다. 소유권 이전 시 공실이 2개 있었는데 임차료를 조금 조정하니 곧 만실이 되었다.

다가구주택을 매수할 때는 거짓 정보가 있을 수 있으므로 주의해야 한다. 공실을 없애기 위해 지인을 세입자로 두는 경우나 수익률을 높이기 위해 조작된 월세계약서를 쓴 경우 등 거짓 정보가 있을 수 있다.

처음 구매한 다가구주택. 임대사업에 익숙하지 않던 때라 청소를 직접 하던지 아니면 청소업체와 계약
해야 한다는 것을 매수계약 후에야 깨달았다.

모든 방에 에어컨, 장롱, 책상과 PC, 모니터, 세탁기 등을 풀옵션으로 제공해서 경쟁력을 높였다.

이 다가구주택을 운영하며 임대 노하우를 많이 쌓았다. 생각보다 임차료를 연체하는 분들은 많지 않았다. 연체해도 보증금이 있으니 걱정할 것 없다. 문제는 세입자들에게서 전화가 자주 온다는 점이었다. 부동산에서 관리해주기로 했는데도 집주인과 얘기하고 싶다며 전화를 해와서 세세한 하자보수를 요청하곤 했다. 한번은 취한 세입자가 전화를 해서는 외롭다고 끊지 않아 당황스러웠던 적도 있다.

이 다가구주택은 인천지하철 2호선 신규역이 생긴 후 수월하게 매도할 수 있었다. 과연 매도가 될까 싶었지만 걱정과 달리 물건을 내놓자 매수 경쟁이 붙기도 했다. 보유하는 기간 동안 임대수익이 발생했고 시세차익을 보고 성공적으로 매도했으니 나쁘지 않은 투자였다. 무엇보다 가장 큰 수확은 다가구주택을 매매하고 운영하며 쌓은 경험이었다.

## 다가구주택으로 노후 준비를 하겠다는 생각은 버려라

최근에는 은퇴를 이른 나이에 하는 경우를 많이 볼 수 있다. 본인이 원해서, 또는 경제적 자유를 얻어서 은퇴하는 경우면 문제가 없겠지만, 그 반대로 본인은 원하지 않는데 회사 경영상황 때문에 조기은퇴를 종용받는 경우라면 당황하지 않을 수 없다.

자의든 타의든 은퇴를 하게 되면 대부분 자영업이나 부동산 임대수익을 통해 생계를 유지하려고 한다. 어떤 경우에도 준비가 안 된 상황에서 자신이 경험해보지 못한 일에 쉽게 뛰어들어서는 안 된다. 예상치 못한 변수에 크게 당황하거나 실패할 수 있기 때문이다.

자영업이든 부동산투자든 잘 모르는 상태에서 뛰어들었다가 큰 손실을 낸 경우를 주위에서 흔히 볼 수 있고 결국 아무것도 안 한 것보다 못한 일이 되는 경우가 많다.

회사생활만 한 사람이 자영업을 하려면 많은 준비가 필요하듯이 부동산투자도 마찬가지다. 특히 회사생활만 하다가 은퇴한 사람들이 매달 들어오는 임대소득을 노리고 상가나 다가구주택, 상가주택 등을 무턱대고 구입하는 경우가 있다. 잘되는 경우도 있지만, 이제 '행복 끝 고생 시작'이 되는 경우도 꽤 많다.

주거용 부동산은 상대적으로 안전하다. 사람들에게 꼭 필요한 부동산이기 때문이다. 투자 실수를 해도 좀 손해 보고 수습하기 수월하다. 하지만 임대수익용 부동산인 상가나 빌딩, 다가구주택 등을 잘못 샀을 경우에는 좀 손해 보고 빠져나올 수 있는 정도가 아니다.

무슨 일이든 경험과 내공을 꾸준히 쌓아야 한다. 잘 모르면 그냥 아파트 투자가 속 편하다. 약간의 임대수익과 시세차익을 기대할 수 있다. 모든 사람들이 아파트를 원하고 아파트에서 살고 싶어 하니 안정적인 수요를 기대할 수 있기 때문이다.

상가의 경우는 다르다. 목 좋은 상가를 잘 잡으면 관리도 필요 없고 꾸준히 높은 월세도 들어온다. 하지만 상권이 안 좋은 곳에 잘못 잡으면 세도 안 나가고 매매조차 힘들 수 있다.

다가구주택이나 상가 투자를 해서 안정적인 성과를 거두기 위해서는 우선 부동산투자에 대한 경험을 늘려야 한다. 직장생활을 하며 아파트, 오피스텔 등으로 투자를 해보고 임대사업도 해본 후 다가구주택, 상가에 도전하는 것이 좋다.

회사생활을 하면서 꾸준히 투자 경험을 쌓아두어야 한다. 다양한 경험으로 실력을 쌓아야 은퇴 후 임대수익용 부동산을 잘 선택할 수 있다. 꾸준한 투자 경험만이 무너지지 않는 자산의 성을 만들 수 있고 부자로 은퇴할 수 있는 가능성을 높여준다.

# 임대사업에도
# 노하우가 필요하다

임대사업을 하면 세입자 관리가 힘들지 않을까 하고 미리 걱정하는 사람들이 있다. 또한 세입자의 작은 요청에도 전전긍긍하는 사람들도 있다. 이런 사람들은 부동산투자를 하면 안 된다. 정신건강이 무엇보다 중요하기 때문이다. 부동산투자를 하려면 항상 긍정적으로 생각하고 작은 일에 너무 집착하면 안 된다.

실제 임대를 해보면 생각보다 힘들지 않다. 주로 오피스텔, 아파트로 임대사업을 하다가 몇 년 전에 다가구주택을 구매하면서 세입자 수가 갑자기 확 많아졌다. 이때 자연스럽게 경험과 노하우가 쌓였고 관리에 대한 자신감도 생겼다.

**임대를 줄 때 가장 중요한 2가지**

1. 심각하게 생각하지 말기

2. 건조하게 절차대로 움직이기

나 역시 몇 번은 임차인과의 논쟁에 휘말려서, 소모적인 감정싸움을 한 경우도 있었다. 지나고 보니 정말 별 문제도 아닌 일 가지고 서로 문제를 삼았구나 싶은 생각이 든다. 임대업도 사업이다. 사업에 감정이 개입되면 좋지 않다. 항상 냉정히 정해진 절차대로 진행하고 세입자에 대한 배려는 충분히 하도록 하자. 예상되는 임차인과의 분쟁은 아래와 같다.

1. 월세 미납

2. 잦은 하자 보수 요청 및 불만 제기

3. 복비 및 이사 날짜 이슈

## 1. 월세 미납

경험상 생각보다 월세 밀리는 분들이 많지 않다. 나는 세입자와 계약을 할 때 가능하면 직접 가서 한다. 아무래도 직접 얼굴을 보고 인사했을 때 월세 문제로 속 썩이는 경우가 훨씬 적었다. 얼굴을 못 보고 계약했을 때 월세가 미납되거나 지연되는 경우가 더 많았다.

계약 시 웃는 얼굴로 월세를 밀리지 않고 입금해주시기를 부탁하고 어떤 세입자와는 월세 문제로 명도소송과 강제집행까지 해서 피곤했었다고 말씀을 드린다. 세입자는 당연히 월세를 밀리지 않을 거라는 답변을 하면서 월세를 밀리면 이 임대인은 소송과 강제집행까지 하는 사람이라는 생각으로 약간이라도 경각심을 갖게 된다.

월세일에 월세가 안 들어오면 3일 정도 지나서 문자를 보낸다. "안녕하세요? 임대인입니다. 이번 달 임대료가 입금되지 않았습니다. 확인 부탁드립니다."

이렇게 문자를 두 번 정도 보냈는데도 답이 없으면 전화해서 정중하게 독촉한다. 대부분 전화를 받으면 미안해하고 바로 보내준다.

가끔은 전화도 안 받고 월세를 계속 안 내는 경우도 있었다. 2달 연체하면 바로 내용증명을 보낸다. 내용증명을 받으면 대부분 바로 연락이 온다. 사실 대부분의 경우 문자만 보내도 입금된다. 그러니 이 과정에서 고민하거나 속상해할 필요는 없다.

## 2. 잦은 하자 보수 요청 및 불만 제기

수리 요청이 있을 수 있다. 나는 10만원 이상의 수리비는 청구하라고 하고, 10만원 이하 소모품 등의 수리는 세입자가 알아서 하라고 말한다. 계약서에도 특약에 이 부분을 명시한다. 정확한 문구도 우리가 고민할 필요 없다. 이런 내용을 부동산에 명시해 달라고 요청하면 된다. 부동산은 수수료를 받으니 이런 업무를 하게 되어 있다.

빌트인 냉장고, 세탁기 등이 고장 나면 확인하고 바로 수리한다. 이런 건 속전속결로 하는 것이 좋다. 좀 심한 세입자의 경우 방을 바꿔달라고 하거나 냉장고 위치를 바꿀 때 도와달라고 하는 경우도 있다. 한 번은 아내와 사이가 안 좋아서 일이 안 되니 월세를 깎아달라고 하는 세입자도 있었다. 연락이 오면 조금 듣다가 전화통화가 길어질 것 같으면 내용을 문자로 달라고 말씀드린다. 문자가 오면 답변은 '공감은 하지만 도움을 드리지

수신 : 임차인 이름

주소 : 임차인 주소


발신 : 임대인 이름

주소 : 임대인 주소


제목 : 차임 연체에 관한 내용증명

1. 귀하의 앞날에 항상 건강과 행복이 깃들기 바랍니다.

2. 귀하는 소유자와 표시 부동산에 대하여 임대보증금 ₩00,000,000, 월 임대료
   ₩000,000을 약정으로 0000년 0월 00일 ~ 0000년 0월 00일까지로 하는 임대차
   계약을 체결한 바 있습니다.

3. 그러나 귀하는 위의 계약과 달리 0000년 0월 00일 현재 0기의 임대료를 지급하지
   않는 상황으로 현재 연체된 임대료가 ₩0,000,000에 이르렀습니다.

   이에 본인은 0000년 00월 00일까지 연체된 임대료를 지급할 것을 촉구하오며, 지정
   된 날짜까지 지급하지 아니할 경우 부득이 계약서에 약정한 대로 임대차계약 해지와
   건물명도 절차에 들어갈 것을 통지하오니 이 점 유의하여 주시기 바랍니다.

4. 행여 귀하가 연체된 임대료의 지급과 건물에 대한 명도를 아무런 권한 없이 지체할
   경우 본인은 위 부동산에 대한 법적 명도절차 및 월 임대료의 청구 소송을 제기할 것
   은 물론이고 이에 따른 발생 비용은 귀하가 지불하게 될 것이며 그간 연체된 월 임대
   료에 대해서도 이자를 가산하여 청구할 것이니, 부디 불미스러운 일이 생기지 않도
   록 많은 협조 부탁드립니다.


0000년 0월 0일

발신인 홍길동 (인)

**차임 연체에 관한 내용증명 예시**

못함을 양해 바랍니다.'라는 정도로 간단히 정리해서 답변을 드린다. 길게 답변을 보내면 감정적으로 발전할 수 있으므로 주의한다.

## 3. 이사일에 대한 복비 및 날짜 이슈

나는 세입자가 이사일 2~3개월 전까지 미리 알려주면 세입자에게 복비를 부담시키지 않는데, 그 시점을 지나서 알려주면 세입자에게 복비를 부담하게 한다. 무리 없는 선에서 되도록 세입자들의 편의를 봐주는 것도 나쁘지 않다.

한 번은 신혼부부 세입자가 미리 이사 갈 곳을 계약하고 필자에게 통보해왔다. 통상적으로 살고 있는 곳의 계약을 먼저 해지하고 이사 나갈 곳을 계약해야 한다. 잘 몰라서 그런 듯해 이해하고 전세금을 빨리 돌려주려고 같은 가격으로 부동산에 내놓았는데 전세 손님이 별로 없어서 세입자를 구하는 데 애를 먹었다. 결국 세입자를 못 구해서 현재 세입자가 먼저 이사를 나가야 하는 상황이 되었다. 전세금이 꽤 커서 신용대출을 받더라도 전세금 100% 반환은 불가능했다.

이런 상황에 놓이자 처음에는 세입자와 대립각을 세웠다. 직업이 변호사인 세입자는 무조건 전세 만기일에 전세금을 반환해달라고 무섭게 말하며 소송을 걸겠다고 했다.

그때는 나도 화가 나서 법대로 하라고 했지만 그럼에도 서로 기분 나쁘게 얘기하지는 말자고 했다. 어느 정도 시간이 지나자 잘 해결되길 바란다며 연락을 해왔다. 이후에 결국 서로 협의해서 잘 진행되었다. 주위에 물어보니 본인에게도 좀 문제가 있었다고 생각했나 보다. 나중에는 같이 이런저런 얘기를 하며 분위기 좋게 커피도 마시고 아이가 생겼다고 해서 조그만 선물도 해드렸다.

협의 내용은 대출받아 나가는 날 나의 유동자산과 신용대출금으로 50%를 주고, 나머지는 세입자가 구해지는 대로 주는 것이었다. 계약 만기 종료일 초과 2달까지는 미납 전세금에 대해 이자가 없도록 하고, 2달이 넘어가면 그때부터 이자를 주기로 했다. 결국 그 전에 세입자를 구해서 별 문제 없이 해결되었다.

임대인과 임차인이 소송을 얘기하며 다투게 되면 서로에게 손해가 되는 경우가 많다. 그 전에 상식적인 선에서 협의하면 대부분은 얼굴 붉히지 않고 해결된다.

임대도 실제 해보면 생각보다 별로 어려울 게 없다. 월세 밀리는 사람들은 있어도 안 내는 사람들은 거의 없다. 안 내도 보증금에서 제하면 되니 사실 걱정할 문제도 아니다. 모든 일은 경험이 쌓이면 쉬워진다.

# 부동산 처분의 기술

나는 다행히 부동산 매도 때문에 크게 마음고생을 해본 적은 없다. 운도 좋았지만 매수나 매도를 할 때 나만의 원칙을 정하고 그 기준을 따랐기 때문이다. 매도가 오랜 시간 안 되더라도 상관없을 정도로 괜찮은 물건을 가지고 있기 때문에 마음이 편해서일 수도 있다. 내가 부동산을 매수하거나 매도할 때 세운 원칙을 정리하면 다음과 같다.

### ① 구매할 때부터 판매를 염두에 둔다
일단 차후 매도할 것을 염두에 두고 호재가 있는 지역의 부동산을 구매해야 한다. 내가 엑셀로 정리한 부동산 보유 리스트표에는 매도 방안에 대한 칸이 있다. 예를 들어, 마곡 부동산은 '마곡지구 개발 완료 후', 위례

부동산은 '위례신사선 개통 후'라고 적어놓았다.

빌라 반지하나 원룸빌라 같은 물건은 아무리 실투자금이 적게 들어도 매매로 찾는 이가 없을 것으로 예상되니 이런 물건은 보유하지 않는다.

## ② 매도 시 상품 경쟁력을 높인다

매도하기로 마음먹었다면 상품 경쟁력을 높이는 것도 중요하다. 다른 아파트보다 좋아야 매도가 될 것이다. 특히 첫인상이 중요하다. 그래서 향에 따라 집이 좋아 보이는 시간을 알아두면 좋다. 예를 들어 서향집을 가지고 있다면 한여름의 늦은 오후에는 해가 깊이 들어오므로 이런 시간에 매수자가 방문하는 것은 피해야 한다. 매수자가 마음에 들어하도록 도배나 조명 등도 미리 바꿔두자. 특히 곰팡이가 있으면 꼭 제거해두어야 한다.

## ③ 매도 시 가격 경쟁력을 높인다

나는 매도할 때 가격 욕심을 크게 내지 않는 편이다. KB부동산 시세의 하한가에도 팔아봤고 하한가 밑으로 협상한 적도 있다. 그 가격도 내가 산 가격보다는 훨씬 오른 가격이기 때문에 빨리 정리하는 조건으로 좀 싸게 판 경우이다.

물론 팔아도 되고 안 팔아도 되는 상황이면 상한가나 그 이상으로 올려두고 매수가 있으면 계약하기도 한다. 꼭 팔기로 마음먹었다면 상한가에 올려두고 안 팔린다고 걱정하는 일은 하지 말자.

### ④ 투자 동료끼리의 거래

나에게는 필요 없는 물건인데 남에게는 필요한 물건일 수 있다. 공인중개사무소를 통하지 않더라도 투자자 모임에서 얘기를 나누다가 거래되는 경우가 종종 있다. 홀로 모든 투자를 경험하는 것은 어려우니 투자 친구와 상의하고 정보를 공유하는 것은 매우 중요하다.

### ⑤ 부동산공인중개사를 내 편으로 만든다

부동산공인중개사를 잘 이용해야 한다. 동일 단지에 많은 매도 물건이 있다면 공인중개사가 어떻게 소개하느냐에 따라 매도에 영향을 줄 수 있다. 매수할 때도 좋은 물건을 소개받고 싸게 사기 위해서는 공인중개사의 역할이 중요하지만 매도할 때도 내 물건이 우선적으로 소개되어야 하므로 못지않게 중요하다. 비싼 가격에만 팔아준다면야 중개수수료가 아까울 것도 없고 오히려 더 주어도 아깝지 않다. 남들이 중개수수료를 깎으려고만 할 때 오히려 수수료 상한선을 제시하면 나의 물건을 우선으로 소개할 것이라는 것은 충분히 예상 가능하다.

## 부동산공인중개사를 상대하는 노하우

공인중개사는 여러분의 투자 동료이자 사부님이다. 당연히 적절한 금액을 수수료로 지출하는 게 맞다. 하지만 아파트 가격이 워낙 올라서 이제는 10억원이 넘는 아파트도 적지 않다. 그럼에도 수수료율은 변함이 없어서 중개수수료도 큰 부담이 되고는 한다. 물론 가장 중요한 것은 좋은 물건을 싸게 사는 것이다. 싸게 매수할 때 중개수수료를 좀 더 지불하는 것은 문제도 아니다. 그래도 비싼 시세 때문에 큰 액수의 수수료를 내야 할 때는 부담이 되므로 중개수수료를 협상할 때도 있다.

계약금을 지불하고 잔금을 치를 때 중개수수료 협상을 많이들 한다. 계약서에는 0.9%라고 적어두고 적당히 협상해주겠다는 공인중개사들도 많이 보았다. 그러면 계속 궁금할 수밖에 없다. 그냥 확실히 하는 게 서로 편하니 계약금을 지불하기 직전에 수수료율을 협상하자. 가급적 녹음을 하거나 문자를 보내두는 것이 좋다.

너무 일찍 협상하면 부동산에서 매물 소개를 안 해줄 수도 있다. 나의 경험으로는 계약금을 보내기 직전이 가장 좋다. 그리고 너무 박하지 않은 선에서 협상하는 게 좋다. 동업자 정신을 가지고 상식선에서 협상하면 별문제 안 된다. 돈을 크게 벌게 해주는 공인중개사에게는 법정수수료보다 더 주고 싶은 마음도 든다. 하지만 별 수고 없이 법정 최고수수료율을 받고자 하는 중개사무소에는 적절히 대응하여 협상하기 바란다.

2014~2019년 부동산 2차 상승기 투자

# 월급쟁이,
# 재개발·재건축까지
# 정복하다

# 2014~2019년
# 부동산 시장상황과 투자전략

2013년부터 서점에 부동산 책들이 조금씩 늘어나기 시작했다. 그때까지의 부동산 규제와 불황으로 공급이 줄었기 때문에 곧 공급이 수요를 못 따라갈 것이라는 예상은 어렵지 않게 할 수 있었다. 2000년대의 부동산 상승기를 경험한 후 장기간 부동산 침체기였기 때문에 곧 다시 상승기가 올 것이라 예상했고 촉각을 세우고 상승장을 기다렸다.

오랜 부동산 침체기를 거치면서 집을 사는 것보다 전월세를 선호하는 현상이 심화된 상황이었다. 정말 적은 돈만 있으면 전세를 끼고 집을 살 수 있었으며 전세가가 너무 오른 상태라 부동산에 대한 심리만 바뀌면 매수 수요가 크게 올라갈 것이라는 것을 예상할 수 있었다.

아래 기사는 매매보다 전월세를 선호해서 전세가격이 올라간다는 당시의 기사이다.

**"하반기 집값은 '보합', 전셋값은 '상승' 전망"**
소비자 "주택담보대출 심사 강화로 매수심리 위축"
유망한 부동산상품으론 '아파트' 선택…
**"미래가치 상승 선호도 늘어"**

올 하반기 소비자는 주택 매매가격은 '보합', 전세가격은 '상승'이 우세하다고 전망한 것으로 나타났다. 여신심사 선진화 방안이 전국적으로 실시되면서 매수 심리가 위축돼 불안한 전세시장이 매매가격을 끌어올리는 '밀어올리기 현상'도 기대하기 어려운 것으로 보인다.

〈아시아경제〉, (2016년 6월 28일)

나는 지난 상승장의 경험을 바탕으로 다시 올 상승장에서 자산 규모를 확장하겠다는 목표를 세웠다. 박근혜 정부는 부동산 매매를 활성화시키기 위해 그동안의 많은 세금정책을 지속적으로 완화하고 있었다. 기존에 지정되었던 투기과열지구를 해제했으며 재건축초과이익환수제 유예, 대출정책 완화, 분양권 전매제한기간 해제, 청약 1순위자 조건 완화, 양도세면제 혜택 등이 실행됐다.

재건축초과이익환수제가 유예됐으므로 그동안 전면 중지되었던 재건축이 다시 진행될 것이었고, 양도세면제와 감면정책으로 부동산 거래가 조금씩 살아나고 있었다. 정부에서 적극적으로 대출을 받아 주택을 사라고 국민들에게 권장하였으며 이에 대한 많은 세제혜택을 주었다.

부동산 침체가 지속되자 2013년에는 1주택자의 주택을 살 경우 해당 주택에 대해 향후 매도 시 양도세를 면제해주는 세금혜택도 실행되었다.

2012년, 2013년 즈음에는 우리나라에서 아파트를 사려는 사람들이 거의 없었다. 많은 사람들이 아파트는 매수해도 가격도 안 오르고 세금만 나간다는 생각에 전세를 선호했기 때문에 전세가와 매매가가 별로 차이 나지 않았다. 부동산 거래가 너무 없으니 정부는 부동산 거래를 활성화 하기 위해 많은 방법을 냈다. 그중 하나가 매도자가 1주택자인 경우에 매수자는 향후 해당 주택에 대해 양도세를 면제받는 혜택을 받는 것이 었다.

지금 생각해보면 어떻게 저런 파격적인 세금혜택이 있었나 싶다. 부동산 경기가 좋으면 정부가 무자비하게 세금규제를 하다가도 부동산 경기가 나빠지면 언제 그랬냐는 듯이 세금 완화를 한다는 것을 알 수 있다.

아래는 양도세면제 주택에 대한 그 당시 기사이다.

**양도세면제 혜택 올해 끝나**
내년부터 달라지는 부동산 제도
주택 취득세 1%p 인하… 19세면 청약 가능
건설사, 아파트 단지 입주자 분할모집 완화

6억원 또는 전용면적 85㎡ 이하의 신규나 미분양 주택, 또는 1주택자
가 보유한 기존 주택을 살 경우 5년간 양도소득세를 면제해주는 제도
가 올해 말로 끝난다.

〈경기신문〉, (2013년 12월 16일)

당시 이런 양도세 관련 세금혜택은 이 밖에도 몇 가지 더 있었다. 부동산 투자에 관심 있는 사람들은 이런 세금혜택을 상승기 신호로 보고 투자의 규모를 늘려갔고 투자를 멈추었던 사람들조차 다시 부동산투자를 시작 하였다.

많은 부동산투자자들이 임대수익 위주의 부동산 포트폴리오에서 시세차익 위주의 부동산투자, 즉 갭투자로 방향을 선회하기 시작했다. 부동산 강의들도 한때는 임대수익 위주의 강의가 인기였는데 이 시기에는 시세차익 위주의 부동산투자를 하는 강사의 수업들이 인기를 끌었다.

매매와 전세 가격의 차이가 매우 가깝게 붙어있었기에 강남의 24평 아파트도 실투자금 1억원으로 살 수 있었고 신도시의 소형아파트는 실투자금 1천만원이면 매수가 가능했던 시기다. 이른바 갭투자의 시기가 온 것이다.

부동산 시장에 온기가 흐르기 시작했으며 눈치 빠른 투자자들이 적극적인 투자를 시작했다. 본격적인 부동산 상승기가 시작되자 인터넷 부동산 커뮤니티 오프라인 모임이나 부동산 강의 등을 가면 투자자들의 투자에 대한 기대감이 잔뜩 섞인 이야기를 들을 수 있었다. 오르는 말에 같이 올라타기 위해 하루하루 바쁘게 지내는 게 느껴졌다. 가격 상승 현상은 강남아파트에서 시작해서 서울 전역, 그리고 재개발·재건축과 지방까지 차례차례 전파되었다.

# 부동산 상승기의
# 갭투자와 급매 잡기

## 부동산 상승기의 갭투자

부동산 하락기를 거쳤기 때문에 전국 대부분의 아파트가 매매가와 전세가의 차이가 크지 않았다. 강남 아파트조차 실투자금 1~2억원이면 살 수 있었고 수도권 아파트의 경우는 아주 적은 금액으로도 가능하였다.

내가 특히 관심을 두었던 부동산은 수도권, 신도시의 10~20평 소형아파트였다. 관심을 가졌던 이유는 아래와 같다.

첫째, 투자금이 적게 들었다. 그 당시 투자금 1~2천만원 정도만 있어도 전세 끼고 매수가 가능하였다.

둘째, 매도가 수월할 것으로 예상되었다. 역세권 소형아파트에 대한 수요는 언제나 충분하다. 설령 잘못 투자했다 하더라도 큰 문제없이 매도될 것이라고 생각했다. 만약에 좀 손해 보고 팔게 되어도 크게 문제가 될 만한 가격대가 아니므로 리스크가 크지 않았다.

셋째, 장기보유하며 월세 수익을 낼 수 있었다. 상가나 오피스텔만큼은 못하지만 역세권 소형아파트의 월세수요는 충분하다. 대출을 받고 매수해 월세 수익을 내면서 장기보유하는 것도 상당히 매력적으로 보였다.

주말이면 나들이 겸 중동, 평촌, 일산, 분당 등의 지역에 가서 물건도 보고 동네도 둘러보았다. 신도시이기 때문에 임장을 산책하듯 할 수 있었다. 공인중개사무소에도 들러 곧 살 것 같은 분위기로 전화번호를 주며 실투자금이 적게 드는 물건을 소개해달라고 요청했다. 좋은 가격으로 급매가 나왔다고 연락이 오면 물건을 보지도 않고 계약금을 걸었다. 미리 임장을 다녔기 때문에 물건의 특징을 알고 있었고 소형평수라서 만약 집상태가 안 좋아도 수리비가 적게 나올 것이라는 계산에서였다.

이렇게 매수한 신도시 소형아파트들은 장기보유에도 딱 좋고 월세를 주기에도 좋은 물건들이었으나 장기보유하지는 못했다. 1~2년 후 시세가 예상보다 많이 올라 공인중개사무소가 매도를 권유하여 일부 물건은 정리하였고 지금은 일부만 보유하고 있다.

이 당시 부천 중동의 경우 입지나 주변 여건이 좋은 10평대 소형아파트를 실투자금 1~2천만원이면 살 수 있었다. 실투자금이 적은 물건으로 골라 한 채 매수하면 더 적은 금액으로 살 수 있는 물건이 나와 또 한 채 매수하곤 했다. 이런 식으로 여러 소형아파트에 투자했으며 1~2년 보유하여 양도세율이 낮아지면 한 채당 5천만원에서 1억원 정도의 이익을 보고 매도했다. 매도가 잘 안 되어도 월세를 주거나 전세금을 올리면 되니 느긋한 마음이었다. 내가 매도할 시 부천 중동의 소형아파트 매수 열기가 뜨거웠고 이후로도 시세상승은 이어졌다. 앞으로도 서울 수도권의 소형

아파트는 좋은 투자처라고 생각한다.

일산은 킨텍스역 주변에 있는 중소형평수 아파트 가운데 실투자금이 적게 드는 물건에 투자했다. 일산에 투자한 물건은 GTX 킨텍스역이 생기므로 시세가 올라 현재 매도를 할 계획이다. 갭이 워낙 붙어있었기 때문에 자금부담이 크지 않은 투자처였다.

이때 주변의 많은 투자자들이 투자하여 좋은 결과를 낸 곳으로 노원의 상계주공아파트를 꼽을 수 있다. 노원은 서울의 중심보다는 시세 영향을 한 박자 늦게 받는 지역이었다. 그래서 서울의 핵심 상승지역 투자를 놓친 사람들이 노원에 투자하여 아쉬운 마음을 달랠 수 있었다. 그러나 재건축이 가능한 주공아파트가 노원역 주변에 몰려있는 데다 GTX 건설과 창동차량기지 이전, 업무지구 개발이 진행된다면 앞으로 노원은 서울의 중심 못지않게 바뀔 것이다. 따라서 인근 상계주공아파트의 가치는 지속적으로 오를 것이라 쉽게 예상할 수 있다.

지방 투자는 오가는 시간이 많이 걸려서 대부분 관심이 없다. 하지만 대전처럼 핫한 지역이라면 다르다. 그 유명한 둔산동에 직접 가보니 동네가 정말 좋았고 무엇보다 메인 아파트를 벗어나면 실투자금이 많이 들지 않았다. 지금은 조정지역이지만 당시는 조정지역이 아니었으므로 실투자금 3천만원으로 24평 아파트에 투자해서 양도세를 제하고도 투자금의 2배 이익 정도는 실현할 수 있었다.

본격적인 부동산 상승기에는 남는 시간에 다른 것을 할 수 없다. 오직 부동산투자에 대해서만 생각하게 된다. 다행인 것은 이러한 상승기가 항상 지속되는 것은 아니기 때문에 일상으로 돌아올 수 있다.

## 급매를 만났을 때 대처방법

부동산투자에 있어서 생각이 많으면 안 되는 것은 맞다. 하지만 먼저 지역 공부와 사전 조사가 되어있어야 한다. 급매물건이라도 준비도 없이 돈을 투자하는 것은 리스크가 크므로 놓치더라도 후회하지 말자. 그러한 매매라면 안 하는 게 맞으므로 빨리 털어버려야 한다.

투자를 하다 보면 공인중개사와 친해져서 가끔은 급매물건이 나왔다는 전화를 받을 때가 있다. 심지어 오늘이 아니면 안 된다고 해서 당장 계약금을 보내야 하는 경우도 종종 있다. 이때 심리적으로 많이 몰려서 잘못된 판단을 하기 쉽다. 실제로 아주 좋은 급매일 수도 있고 아닐 수도 있다. 이런 전화를 받게 되면 2가지 방식으로 처리한다.

### ① 내가 잘 아는 지역의 아파트인 경우

내가 잘 아는 지역의 잘 아는 아파트인 경우에는 정말 급매인지 금방 알 수 있다. 이런 경우는 바로 계약금을 넣을 수 있다. 매도인의 이혼, 재산 상속분쟁 같은 가족문제, 혹은 세금문제 등으로 간혹 급매가 나오고 실제 이런 급매는 먼저 계약금 넣는 사람이 큰 수익을 얻게 되는 경우가 많다. 나도 꽤 많은 경우 급매물건이 나왔다는 전화를 받고 계약금을 입금한 경험이 있다. 하지만 미리 그 지역과 해당 아파트를 조사하여 시세를 정확히 알고 있었기 때문에 가능한 일이었다.

### ② 내가 잘 모르는 지역의 아파트인 경우

잘 모르는 지역의 아파트이므로 공인중개사의 말이 맞는지 틀린지 판단이 불가능하다. 정말 급매이고 큰돈을 벌 수 있을지라도 내가 준비가 안 되어있는 상태에서 오는 기회는 넘겨야 한다.

판단이 안 서는 상황인데 중개사무소에서 계속해서 강하게 계약 압박을 한다면 일단 중개사무소에서 대신 가계약금을 입금하라고 하여 시간을 벌고 내용을 파악하는 방법도 있다. 정말 좋은 물건이고 자금여력이 된다면 내용파악 이후 계약하면 될 것이다. 내용을 파악해보니 중개사무소의 말과 달리 하자가 있다면 계약을 안 하고 중개사무소에 양해를 구한다.

급매를 잡는 방법은 단순하다. 현장을 자주 가야 하고 중개사무소에 정말 구매할 사람이라는 신뢰를 주어야 한다. 부동산 매수의 최적 타이밍을 찾기는 매우 어렵다. 전문가들도 매번 틀리고는 한다. 부동산 상승장에 남들보다 좀 늦게 들어간다고 해도 일단 들어가는 것이 중요하다. 상승하는 시장에 같이 올라타야 한다. 검토와 분석은 많이 해야 하지만 결정할 때는 망설임 없이 빨라야 한다. 결정을 빠르게 하는 힘은 그동안 준비를 얼마나 많이 해왔는지에 달려있다.

내가 부동산을 매수한 시점이 상투일까 하는 걱정은 누구나 한다. 설령 상투에서 샀다고 해도 장기간 투자하면 다시 상승할 수 있고 그 세월을 견딜 수 있게 무리 없이 투자했다면 문제가 없는 투자일 것이다.

# 갭투자와 월세세팅 투자

부동산투자에는 여러 가지 방법이 있으므로 무엇이 더 좋다고 말할 수는 없다. 그저 본인에게 맞는 방식을 택하면 된다. 여러 방식 중 전세금을 활용해서 투자하는 것이 갭투자, 대출을 활용해서 투자하는 것이 월세세팅 투자이다. 핵심은 내 실투자금을 최소화하고 투자수익을 높이는 것이다. 투자의 종류를 이해하고 활용해야 수익을 높일 수 있다. 하지만 모든 투자에서 중요한 것은 내가 감당할 수 있는 만큼 무리하지 않게 투자하는 것이다.

## 전세 끼고 투자하는 갭투자

갭투자는 사실 예전부터 있었다. 세입자의 전세금을 레버리지 삼아 집을 사는 이 방법은 실투자금이 적게 든다는 점이 매력적이다. 대출도 없으므로 대출을 받으려고 금융기관을 왔다 갔다 해야 하는 불편함도 없다. 무엇보다 세입자의 전세보증금으로 투자를 하지만 시세상승분은 모두 주인의 이득으로 돌아가므로 투자자 입장에서는 아주 좋은 투자 방법이다.

갭투지는 기본적으로 진세가가 높아서 매매가와 큰 차이가 나지 않을 때 실투자금이 적으므로 하기 좋다. 전세가와 매매가의 차이가 적은 경우는 아래 두 가지이다.

첫 번째, 부동산 경기가 안 좋을 때이다. 부동산이 하락기일 때는 너도나도 전세를 찾게 된다. 아파트를 매수해서 취득세, 보유세를 내고 내 집값 하락의 위험을 감수하느니 안전한 전세를 선호하는 것이다.

두 번째, 인기 없는 지역의 인기 없는 아파트나 빌라이다. 지금도 지방의 비선호지역에 있는 소규모 아파트의 경우 매매가와 전세가의 차이가 별로 없다.

2020년 현재는 부동산 상승기를 지나면서 전세가보다 매매가가 크게 오른 상태이다. 전세가와 매매가의 차이가 커서 예전처럼 갭투자하기에 쉬운 상황이 아니므로 주의해야 한다.


## 대출을 통해 개수를 늘리는 것이 유리한 월세세팅 투자

대출을 최대한 받고 월세로 대출이자를 낼 수 있도록 세팅하는 것을 말한다. 대출 없이 1억 5천만원짜리 오피스텔을 구매한다고 가정해보자. 이 오피스텔을 보증금 1천만원에 월 100만원으로 임대를 주면 대출이 없는 경우 투입금액은 1억 4천만원이고 연수익은 1,200만원이다.

| | 매수가 | 대출 | 보증금 | 실투자금 | 월세 | 대출이자 | 연소득 |
|---|---|---|---|---|---|---|---|
| 1 | 150,000,000 | 0 | 10,000,000 | 140,000,000 | 1,000,000 | 0 | 12,000,000 |

이번엔 대출을 이용한 월세세팅을 해보자. 1억 4천만원을 대출받아 1억 5천만원짜리 오피스텔 2개를 구매한 다음 역시 보증금 1천만원에 월세 100만원으로 임대를 준다고 해보자. 대출이율이 3.5%라고 가정하면 실 투자금은 1억 4천만원이고 연수익은 1,910만원이며, 대출이 없을 때보 다 1년에 710만원의 수익이 더 난다.

| | 매수가 | 대출 | 보증금 | 실투자금 | 월세 | 대출이자 | 연소득 |
|---|---|---|---|---|---|---|---|
| 1 | 150,000,000 | 70,000,000 | 10,000,000 | 70,000,000 | 1,000,000 | 2,450,000 | 9,550,000 |
| 2 | 150,000,000 | 70,000,000 | 10,000,000 | 70,000,000 | 1,000,000 | 2,450,000 | 9,550,000 |
| 계 | 300,000,000 | 14,000,000 | 20,000,000 | 140,000,000 | 2,000,000 | 4,900,000 | 19,100,000 |

임대수익을 위해서는 대출을 많이 받고 개수를 늘리는 것이 유리하다. 대 출이 있어서 세입자가 안 들어오지 않을까 하는 걱정도 할 필요가 없다. 소 액임차인 최우선변제란 제도가 있기 때문이다. 말 그대로 집주인이 대출 이 많아서 최악의 경우 집이 경매로 넘어가더라도 주택임대차보호법의 소 액보증금에 대해서는 임차인이 최우선으로 변제받도록 되어 있다. 따라서 소액보증금이라면 대출이 많아도 임차인이 문제없이 들어올 수 있다.

| 기준 | 임차인 보증금 한도 | 소액우선 변제금 |
|---|---|---|
| 서울시 | 1억 1,000만원 이하 | 3,700만원 이하 |
| 과밀억제권역, 용인, 화성, 세종 | 1억원 이하 | 3,400만원 이하 |
| 광역시(군 제외), 안산, 김포, 광주, 파주시 | 6,000만원 이하 | 2,000만원 이하 |
| 그 밖의 지역 | 5,000만원 이하 | 1,700만원 이하 |

주택임대차보호법 최우선변제 금액 범위(2018년 9월 18일 개정 반영)

## 역전세에 몰리지 않게 투자하라

대출을 많이 받아 투자하거나 전세금을 많이 받으면 실투자금이 아주 적거나 없을 수 있고 심지어 집을 사고 나서 전세나 월세를 주면 돈이 남는 경우도 있다.

전세금과 대출금을 이용해서 내 돈을 들이지 않는 투자를 무피투자라고 한다. '피 같은 내 돈을 들이지 않는 투자'라는 뜻이 신조어이다. 심지어 투자를 했는데 돈이 남는 경우는 플피투자라고 한다. 종잣돈이 오히려 플러스된다고 해서 붙여진 명칭이다.

예를 들어, 시세가 1억 5천만원인 빌라를 급매로 1억원에 샀다고 해보자. 8천만원을 대출받고 보증금 2천만원에 30만원 월세로 임대를 주면 내 돈 투입 없이 월세 30만원이 들어오게 된다.

집이 경매로 넘어가도 소액임대차보호법 때문에 소액보증금이라면 임차인은 무조건 보증금을 회수할 수 있다. 예를 들어 수도권에서는 보증금 3,400만원까지 회수 가능하다. 그래서 소액보증금이라면 대출이 많은 집에도 세입자들이 들어오게 된다. 위의 빌라를 1억원에 전세 줄 수도 있다. 역시 실투자금이 전혀 없다.

무피투자는 실투자금을 최소화하는 좋은 투자 방법이기는 하다. 하지만 무피투자, 플피투자한 물건이나 실투자금이 적은 물건은 향후 시세차익이 크지 않을 가능성이 매우 크다. 시세차익 기대가 큰 물건인데 매매가와 전세가가 비슷하게 붙어있는 경우는 없다고 보면 된다. 시세차익이나 임대수익이 큰 좋은 물건들은 절대 매매가와 전세가가 붙어있지 않기 때문에 대출을 받고 월세를 주이 무피투자를 세팅할 수도 없다. 좋은 물건, 즉 시세차익이 예상되고 임대수익이 큰 물건은 인기가 좋아 매매가가 올라가서 실투자금이 많이 들기 때문이다.

무피투자가 가능한 물건은 투자금은 적지만 투자수익에 대해서는 큰 기대를 하면 안 된다. 게다가 무피투자는 전월세가 하락하는 등 부동산 시장이 조금만 흔들려도 역전세나 대출금상환 압박을 받을 수도 있다.

모든 경우에 전세금 하락이나 대출금의 일부 상환 압박이 들어올 수 있으므로 그런 상황이 왔을 때 대처할 수 있도록 자산의 일정 부분을 쉽게 현금화할 수 있는 유동형 자산으로 보유하는 것이 좋다.

무피투자나 플피투자 혹은 내 투자금이 아주 적게 들어가는 투자보다는 어느 정도 내 투자금이 들어가는 경우가 수익은 더 좋다.

# 신도시 투자기

## 위례와 마곡에서 맛본 신도시 투자의 수익

어릴 때 목동신시가지 아파트 입주(1986년)를 경험했기 때문에 신도시가 어떻게 형성되고 개발되는지를 기억한다. 계획된 택지지구는 초기에는 살기 불편하지만 시간이 지나면 교통이나 편의시설이 좋아지고 유해시설이 없어 가족단위로 거주하기에 좋은 주거지역이 된다.

목동신시가지도 처음에는 지하철이나 버스가 제대로 없었고 그나마 있는 버스노선마저도 배차간격이 길었다. 병원이며 상업시설도 거의 없어서 불편하고 고생스러웠다. 하지만 시간이 지나면서 빈 땅에 편의시설이 하나씩 채워졌고 어린 나는 그 변화를 신기하게 바라보았다. 이런 과정은 나중에 분당, 판교 등으로 이사 간 친구들과 친지들의 경우를 봐도 동일하였다.

사회초년생 시절에는 판교의 발전 과정을 보게 되었다. 당시 준비가 덜 되었고 용기가 부족해서 판교에 투자하지 못한 것이 못내 아쉽다.

이후 내가 주목한 곳은 위례와 마곡이었다. 위례와 마곡은 서울 안의 신도시, 택지지구로서 입지가 매우 좋았다. 두 곳 모두 실거주와 투자 목적으로 훌륭하다고 생각했다. 회사가 강남권이기 때문에 거주 목적으로 위례의 아파트에 투자했고 마곡은 오피스텔에 투자했다.

위례는 송파가 포함된 강남 신도시로서 업무지구가 부족하다고 해도 바로 옆이 문정법조지구, 잠실, 삼성동이므로 입지가 대단히 매력적이었다. 특히 앞으로 서울의 중심이 될 삼성동과의 접근성이 마음에 들었다.

위례 분양권을 매수할 때는 프리미엄도 얼마 되지 않았고 심지어 위례 내의 몇몇 아파트들은 미분양되어 혜택도 받고 구매할 수 있었다. 2012년에는 정부가 9·10 부동산 경기 활성화정책 중 하나로 미분양 주택을 2012년 연말까지 분양받으면 향후 5년간 양도세를 100% 감면해주는 혜택을 내놓았다. 건설사 또한 미분양분에 대해서 발코니 확장을 무상으로 해주고 가구옵션을 추가해주는 등 여러 혜택을 주었다. 지금으로서는 상상하기 힘든 상황이나 2015년 즈음까지도 반포나 고덕 같은 서울의 인

신도시 입주 초기에는 아파트를 나서면 황무지다. 생필품을 사기 힘든 경우도 많다.

신도시 입주 후 조금만 기다리면 큰 변화가 찾아온다. 학교, 학원, 마트, 병원, 쇼핑시설 등이 풍부하게 형성된다.

기지역에서 미분양 아파트를 보는 것은 매우 흔한 일이었다.

매수한 위례의 아파트는 실거주 목적이라 가격이 안 올라도 상관없다는 마음이었지만 예상대로 시세가 상승해주었다. 대부분의 위례 아파트들과 마찬가지로 이 아파트의 시세도 많이 올라 현재 구매가의 두 배가 되었으며, 전세 시세가 매수한 가격 이상이므로 전세를 준다면 내 돈 한 푼도 안 들이고 위례 아파트를 보유하고 선세금도 더 받을 수 있게 된다.

월세 시세는 KB부동산 시세를 기준으로 하여 보증금 1억~2억원에 월세 180~240만원 정도이다. 월세를 주면 입주 시 받은 담보대출과 월세보증금을 합해 내 돈 거의 안 들이고 월세를 받을 수 있게 된다.

이렇게 아파트 투자를 잘하면 세를 주었을 때 실투자금을 거의 회수하게 된다. 전세를 주면 실투자금 이상이 회수되고 월세를 주면 대출이자 이상의 월세를 받으면서 실투자금을 월세보증금으로 회수할 수 있게 되는 것이다.

이런 경우는 분양을 받든, 분양권을 사든, 재개발·재건축 입주권을 사든 상관없이 주변에서 흔히 볼 수 있다. 현재 정부는 분양가를 워낙 통제하기 때문에 인기지역의 아파트 분양만 받아도 이런 일이 많아지게 된 것이다. 심지어 기존 아파트를 잘 사도 가능한 일이다.

마곡은 주거로도 좋지만 업무시설이 많고 공항접근성이 좋으므로 오피스텔 수요가 많을 것이라는 생각이 들어서 마곡나루역과 연결되어 있는 오피스텔 중에서 하나를 선택했다.

마곡에 오피스텔 공급이 많다는 주변의 걱정이 있었지만 공실은 없었고 시세도 충분히 상승해주었다. 마곡은 업무단지로서 이제 시작이고 근처에 건줄 만한 대체재가 없다. 앞으로도 공실 걱정 없이 임대수익을 얻을 수 있는 훌륭한 지역이라 생각한다.

마곡의 오피스텔은 전세가가 이미 매매가와 비슷하거나 추월을 한 곳도 많다. 이런 지역의 오피스텔에 투자할 때는 처음에는 전세로 두고 지역이 성숙되기를 기다렸다가 나중에 월세로 전환하는 것도 좋은 투자 방법이다.

이 마곡 오피스텔은 향후 10년 안에는 매도할 계획이 없다. 전세로 두고 있다가 나중에 월세로 전환할 것이다. 마곡은 아직 개발 중이므로 지금도 그렇고 향후에는 더욱더 월세수요가 많아질 것이 확실하다.


## 가족이 선호하는 신도시에서 기회를 찾아라

1인가구에게는 직장에서 가까운 다운타운, 상업지역이 좋다. 하지만 가족단위 거주자들은 아이들이 마음 편히 뛰어놀 수 있고 유해시설 없는 신도시, 택지지구를 더 선호한다. 신도시, 택지지구인데 강남 같은 업무지구까지의 교통도 좋다면 최고의 주거지역이라 할 수 있다.

아무리 강남의 좋은 지역에 있는 비싼 아파트라도 소단지이고 술집 등의 유흥업소로 주변이 어수선하다면 가족과 함께 거주하고 싶지 않을 것이다. 특히 이런 지역은 발렛주차를 하는 사람들이 골목길을 휘젓고 다니기도 하고 술 취한 취객들이 돌아다니는 경우도 많아서 산책하기에 좋지 않다.

신도시의 경우 초기에는 교통, 학군이 제대로 형성되지 않아 전세가가 낮지만 전세를 2~3번 주고 난 후에는 교통과 학군이 개선되어 전세가와 매매가가 급등하는 경우를 쉽게 볼 수 있다.

2018~2019년에 3기 신도시가 발표되었다. 3기 신도시는 서울과 붙어 있는 경우가 많으므로 충분히 주목해야 할 필요가 있다. 택지지구 분양이므로 공공분양이든 민간분양이든 기존 재건축·재개발로 공급되는 아파트보다는 가격경쟁력이 클 것이다.

무주택 사회초년생들, 신혼부부들은 청약에 유리할 수 있으므로 특히 3기 신도시에 관심을 가져야 한다. 청약통장은 늘 필수이다. 청약통장에 예치하는 금액을 아까워하지 말고 항상 필요 자금을 넣어두어야 한다. 가점도 신경을 써서 쌓도록 하자. 청약 방법은 복잡한 것 같지만 인터넷을 뒤져서 반나절만 공부하면 된다.

투자금이 많지 않은 사회초년생들에게 3기 신도시는 절호의 기회이다. 1~2기 신도시의 역사를 공부해두면 도움이 될 것이다. 3기 신도시를 통해 거주 안정을 찾고 자산을 증식시키는 기회를 얻기 바란다.

# 재개발·재건축 투자기

## 새 아파트가 될 부동산에 투자하는 재개발·재건축

사회생활을 하면서 만난 나이 지긋한 선배님들 중에 부동산투자를 하는 분들이 생각보다 많았다. 그분들과 식사를 하면서 부동산투자에 대해 듣게 되면 관심을 보였으며 궁금한 점은 물어보았는데 대부분의 경우 자세히 설명해 주셨다. 재건축·재개발 투자를 하는 선배들도 있었다. 도곡주공이 도곡렉슬이 되고 삼성동 차관아파트가 삼성동 힐스테이트가 되어 선배들이 입주하는 것을 보면서 언젠가는 나도 재건축이나 재개발 투자를 해야겠다고 마음먹곤 했다.

임대수익에 초점을 맞추어 투자하던 시절, 부동산 상승기가 찾아와 아파트 시세가 무섭게 상승하는 것을 보면서 상대적인 박탈감이 들었다. 하루 빨리 재건축이나 재개발에 투자하고 싶었다. 당시 관심 있게 본 곳은 강남권 재건축아파트로 개포주공아파트, 둔촌주공아파트, 고덕주공아파트이다. 지금이야 시세가 크게 상승했지만 몇 년 전에만 해도 시세가 그리 높지 않았고 대출과 전세금을 끼면 적은 실투자금으로 매수할 수 있었다.

사업승인이 난 재건축 물건 중에 자금 사정에 맞는 저층 주공아파트로 매수를 진행하였다. 비대위(비상대책위원회) 때문에 관리처분이 통과 안 될 것이라는 소문이 있었고 이를 걱정한 장기보유자가 매도를 하는 경우가 있었다. 운 좋게 이런 물건을 잡았고 다행스럽게 관리처분은 통과되었다.

내가 투자한 강남권 재건축아파트는 매수 당시 7억원이었고 전세금 2억원, 대출금 2억원을 뺀 실투자금은 3억원이었다. 관리처분 후 이주를 하게 되니 이주비 대출 5억 5천만원이 나와서 실투자금액은 1억 5천만원으로 줄어들게 되었다. 추가부담금도 거의 없이 강남권 30평대 아파트 입주권을 받았으니 아주 좋은 투자였다. 현재 예상 시세는 20억원 정도라고 한다.

그때 이 아파트를 매도한 소유주는 이렇게 좋은 물건을 왜 팔았을까 하는 의문을 가져본다. 아마도 그분은 재건축 절차에서 생기는 많은 이슈와 문제를 견디기가 힘들었을 것이라고 추측된다.

거의 모든 재개발·재건축은 크고 작은 문제가 많다. 큰돈이 걸려있는 사업이다 보니 이해관계가 많기 마련이다. 투자하는 사람은 재건축조합의 많은 사건사고에 크게 신경 쓰지 않고 연관되지 않기 위해 노력해야 한다. 수익성이 애초 계산보다 크게 낮아질 수도 있다. 하지만 예상보다 나빠지더라도 재건축이 되기만 하면 수익성은 클 것이다.

한 지인이 15년 전에 매도자가 재건축 시까지 전세로 사는 조건으로 강남 재건축 물건을 매입했다. 15년이 흐른 후 이 아파트의 시세는 급상승했다. 세입자로 살고 있는 매도자가 느끼는 상실감이 클 것은 짐작 가능하다.

원주민들은 대체 왜 매도를 하는 것일까? 재개발·재건축에 대한 지식이 없어 막연히 두려워하는 경우도 있고 새 아파트 입주 시 부담해야 하는 추가부담금이 없는 경우도 많다. 투자에 대한 지식과 자본이 더 큰 자산을 얻게 한다는 것을 알 수 있다.

강남권보다 저렴한 재건축으로는 남양주 평내 초역세권의 재건축 아파트가 눈에 들어왔다. 현장을 방문하니 GTX 초역세권으로 입지는 매우 좋았고 재건축 관리처분 후 이주단계였다. 그럼에도 재건축조합과 건설사의 갈등으로 매매가가 분양가 이하였기 때문에 실투자금이 1억원도 들지 않는 매물도 많았다. 나는 이때 과감히 매수하였고 투자를 같이 의논하던 지인들도 매수를 하였다. 불과 얼마만에 프리미엄은 마이너스에서 1억원까지 오르게 됐다. 앞으로도 많은 문제가 있겠지만 시간이 지나면 어떻게든 새 아파트로 탈바꿈할 테고 그렇게 되면 그 지역의 대장주가 될 것이라 생각한다.

관리처분은 아파트 청약으로 치면 청약당첨에 해당된다. 대표적인 부동산 규제 중의 하나인 '재당첨 5년 제한'을 유의해야 함을 뜻한다. 재당첨 5년 제한은 아파트 분양이나 재개발·재건축의 관리처분을 받으면 이후 5년 안에 또 분양이나 관리처분을 받을 경우 입주하지 못하고 현금청산됨을 뜻한다. 재당첨 5년 제한을 피하려면 입주까지 아예 기간이 많이 남은 재개발이나 혹은 관리처분이 승인된 물건에 투자하면 된다.

예전에 재개발 빌라에 투자했다가 재개발 진행이 안 되어서 매수한 금액에 매도는커녕 매도 자체가 안 되어서 고생한 경우를 주변에서 본 적이 있어서 재개발 자체에 대한 거부감이 있었다.

그래서 재개발에 대해 공부를 좀 한 후 도전하기로 했다. 역시 공부해보니 별거 없었다. 재개발 절차를 이해하고 진행이 될 수 있는 곳에 투자를 하면 되는 것이다.

재당첨 5년 제한을 피하기 위해 재개발 진행 가능성이 높지만 아직 초기 단계라서 재개발까지는 시간이 많이 남은 곳에 투자하고 싶었다. 서울 뉴타운과 수도권 재개발을 조사하여 내가 원하는 조건을 갖춘 몇 곳을 선정했다.

## 신림뉴타운과 광명뉴타운 투자

너무 비싼 곳은 제외하니 관악구의 신림뉴타운이 눈에 들어왔다. 무엇보다 신림선 경전철이 뉴타운 입구에 생기는 것이 마음에 들었다. 2~3구역은 이미 조합설립, 사업승인이 나서 관리처분 진행 중이었다. 1구역은 구역지정은 오래전에 되었으나 내부 문제로 조합설립조차 되지 않은 상태였고 곧 조합설립이 된다는 소문만 있었다.

재개발·재건축은 조합설립이 되지 않으면 진행되기 힘들다. 조합설립은 재개발·재건축 절차에 들어간다는 것을 의미한다. 그만큼 중요하기도 하고 설립이 쉽지도 않다.

상식적으로 생각해보면 나란히 있는 2구역, 3구역이 관리처분 진행 중인데 1구역 사람들이 가만히 있을 리가 없다. 옆 동네 시세가 오르면 단합이 잘 되기 마련이다.

그래서 1구역의 투자금이 적게 들어가는 무허가건물을 매수했다. 다행히 조합설립이 되었고 시세가 올라 매도 권유를 많이 받았지만 서울의 새 아파트를 보장받을 수 있는 입주권이므로 가급적 장기보유하거나 입주 이후까지 보유할 생각이다.

다음으로는 재당첨 5년 제한을 피하기 위해 관리처분이 난 재개발 물건에 투자하고 싶었다. 경기도의 광명뉴타운이 눈에 들어왔다. 광명은 가산디지털단지, 여의도 등의 업무지구와 가깝기 때문에 뉴타운으로 개발된다면 향후 선호도가 상승하리라 생각했다. 사전조사하고 현장을 가보니 더욱 확신이 들었고 광명뉴타운에서 관리처분이 난 구역 중에 가격이 가장 저렴한 물건으로 투자했다. 향후 새 아파트 단지들이 들어오면 이 주변이 180도 바뀔 것이고 그때에는 눈으로 보고 뒤늦게 들어오는 사람들이 많을 것이라 생각했다.

광명뉴타운은 실거주가 아닌 투자 목적으로 매수를 했으므로 59㎡(24평)를 배정받을 수 있는 물건으로 매수했다. 프리미엄 1억원 정도에 매수를 했는데 불과 몇 년 되지도 않아서 공인중개사무소에서 들은 이야기에 따르면 프리미엄이 이미 4억원대로 돌입했다고 한다.

입주 후 전세를 주면 투자금은 거의 회수가 가능할 것이고 24평형이기 때문에 월세도 가능하리라 생각한다. 더욱이 조합원 입주권은 다주택자라도 양도세가 중과되지 않는다. 기본세율(6~12%)이므로 매도에도 부담이 없는 상황이다.

## 재개발 물건 세입자 명도는 절차대로 건조하게 실행하라

재개발·재건축의 이주 시점이 되면 세입자를 이주기간 내에 내보내는 명도를 해야 한다. 대부분의 경우 문제없이 진행되지만 가끔은 막무가내로 이사비를 요구하거나 더 많은 이득을 얻기 위해 계속 거주하면서 재개발을 방해하는 상황이 벌어지기도 한다.

나도 이런 경험을 한 적이 있다. 내가 보유한 재개발 물건의 전세기간 만료 시점이 이주기간이었기 때문에 세입자에게 전세계약이 불가함을 통지하였다. 전세기간 만료로 재계약을 못하는 것이므로 재개발 이주와는 무관한 경우였다. 그럼에도 세입자는 재개발에 따른 이주라며 이사비를 요청하였다. 계약만기 한 달 전에 불가함을 통보하였음에도 계약자동연장이 되었고 따라서 이사비를 지급해야 이사갈 수 있다는 내용으로 연락이 왔다.

이에 내용증명으로 임대차계약이 자동갱신되지 않았고 이사비 지급 요청은 거절한다는 내용을 전달하였으나 막무가내였다. 명도소송 및 손해배상청구까지 생각하고 변호사를 통해 내용증명을 보냈다. 그러자 세입자 태도가 돌변하여 바로 이사 나가겠다고 연락이 왔다. 똑같은 내용증명이라도 변호사 사무실 도장이 찍힌 내용증명에 힘이 있다는 것을 느끼는 순간이었다.

내용 증명

발신인 : 임대인 (●●●)

주소 : 서울시 송파구 위례광장로 ●●● ●●●●●●●● ●●●● ●●●●●

수신인 : 임차인 (●●●●)

주소 : 경기도 광명시 광명동 ●●● ● ●●●●●● ●●●● ●●●●

# 제목 : 이사비 요청에 대한 답변

부동산의 표시 : 경기도 광명시 광명동 ●●● ●●●●●● ●●●● ●●●●

1 귀댁의 건강과 안녕을 기원합니다.

2 귀하께서 문의하신 이사비 지급에 대한 답변입니다.

3 귀하께서는 전세만기일까지 전세계약을 다 채우고 이사 가실 수 있습니다.

4 전세계약기간을 다 채우실 수 있기 때문에 이사비 지급은 불가함을 알려드립니다.

5 계약서 상의 이사비에 대해 궁금하신 점은 전세계약을 하신 전주인분과 확인하시기 바랍니다.
참고로 계약 시 부동산과 매도자로부터 전세만기이므로 이사비 지급이 없다라고도 들었습니다.

6 전세계약만기에 따른 이사를 완료하여 주시기를 당부 드립니다.

2019. 3. 7.

임대인 (●●●)

발송인 : 서울특별시 송파구 위례광장로 ●●● ●●●●● (●●●● ●●●●●●●●●●●)
●●●

수취인 : 경기도 광명시 광명동 ●●● ●● ● ●● ●●● ● ●● ●●● (●●●●)
●●●●

**"이사비 지급이 불가하다"는 내용증명(인터넷 우체국 이용)**

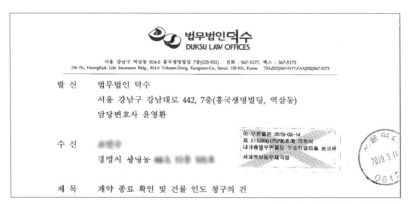

**변호사 사무실을 통해 보낸 내용증명**

## 내용증명 쉽게 보내기

내용증명을 법무사, 변호사를 통해 보낼 수도 있지만 비용이 발생한다. 인터넷 우체국 사이트를 이용하면 저비용으로 직접 작성한 내용을 셀프로 보낼 수 있다. 쉽고 간단해 자주 이용하고 있다. 세입자와 갈등이 있는 부분이 있으면 우선 내용증명을 보낸다. 갈등이 없는 경우도 내용증명을 보내두곤 하는데 절차상 내용증명을 보내는 것이니 크게 신경 안 쓰셔도 된다고 말씀드린다.

## 재개발과 재건축 이해하기

재개발·재건축은 오래된 아파트나 빌라를 허물고 새로운 아파트를 공급하는 것이다. 새 아파트가 될 부동산을 새 아파트 가격보다 싸게 살 수 있지만 오랜 시간을 기다려야 한다.

많은 사람들이 재개발·재건축은 복잡하고 위험하다고 생각한다. 일반 매매보다 더 어렵고 위험한 것은 맞다. 하지만 모든 투자가 그렇듯이 내용을 알고 위험을 인지한 상태에서는 안전한 투자가 가능하다. 분명한 건 재개발·재건축은 일반 매매보다 투자수익이 매우 높은 부동산투자의 꽃이라는 점이다.

재개발·재건축은 부동산 상승기의 하반기에 인기를 끌게 되지만 상승폭은 다른 부동산 종류에 비해 크다. 반대로 하락기에는 다른 부동산보다 먼저 하락하게 되고 그 하락폭도 더 크다. 재개발·재건축은 실거주보다 투자를 목적으로 하는 경우가 많기 때문이다.

재개발·재건축은 단기투자하는 사람들도 물론 있지만, 대부분의 경우 장기투자를 한다. 시간에 투자하는 것이다. 강남, 서초, 송파의 많은 고가 아파트들도 오래된 저층 주공아파트나 빌라촌을 허물고 새로 지은 것들이 많다. 아크로리버파크, 반포자이, 청담자이, 도곡렉슬, 삼성동힐스테이트, 잠실엘스, 잠실리센츠, 송파헬리오시티, 대치래미안팰리스, 마포래미안푸르지오, 왕십리뉴타운센트라스 등 많은 인기 아파트들이 오래된 아파트나 빌라촌을 부수고 재개발·재건축된 아파트이다.

재개발에 투자한 사람들은 이런 이야기를 많이 한다.

"예전에 매수할 때는 비싸다고 생각해서 고민을 많이 했는데, 매수하기를 잘했습니다. 생각보다 시간은 더 걸렸지만 결국 새 아파트가 지어졌고 분양가도 계속 올라서 내가 생각했던 것보다도 훨씬 높은 가격으로 일반분양을 했네요. 예전에 미리 사두지 않았으면 엄두도 못 냈을 겁니다. 그런데 입주하고 나니 가격이 또 계속 오릅니다. 입주 후 전세를 주어 예전 투자금은 회수했고 몇 년 지나니 일반분양가보다 전세가격이 더 올랐습니다."

보통 이런 얘기들이다. 내가 부동산에 관심이 많아서인지 내 주위에는 재개발을 앞둔 오래된 아파트에 투자한 선배들이 꽤 있고 그분들의 얘기는 다들 이와 비슷하다.

거꾸로 재개발·재건축 절차를 견디지 못하고 중간에 팔고 나간 경우도 많다. 재개발·재건축은 잘되면 큰 수익을 가져오지만 절차가 늦어지거나 중단되면 큰 대출을 끼고 투자한 사람들은 버티지 못한다.

재건축은 재개발보다 규제가 더 강하다. 시기에 따라 편차는 있겠지만

재개발 전의 모습. 이런 동네도 재개발되면 근사한 아파트단지로 변모한다.

재건축은 조합설립이 되면 입주할 때까지 전매가 금지되고 재건축초과이익환수제로 이익의 상당 부분을 세금으로 납부해야 한다. 재개발은 관리처분이 나면 입주할 때까지 전매가 금지된다.

재개발·재건축 모두 재당첨 5년 제한 조항은 유의해야 한다. 재당첨 5년 제한 조항을 피하기 위해서는 입주까지 아예 많이 남았거나 관리처분이 끝난 물건을 매수하면 된다.

재개발·재건축 투자는 전·월세를 주는 것이 좋다. 실거주하는 이른바 '몸테크'는 힘들기도 하고 진행 기간이 생각보다 더 길어지는 일이 비일비재하므로 추천하지 않는다. 아직도 서울에는 화장실이 없는 집들이 있다. 특히 재개발 지역을 가면 공동화장실을 볼 수 있다. 재개발·재건축 투자는 여유 있을 때 하자.


## 재개발·재건축이 위험한 이유

재개발·재건축은 높은 수익을 안겨줄 뿐만 아니라 새 아파트에 입주할 수 있는 기회를 준다. 그런데 왜 위험하다고 할까? 그 이유에 대해서 알아보자.

재개발·재건축 투자에서 가장 위험한 경우는 개발이 결국 안 되거나 너무 지연되는 경우이다. 그 다음으로 위험한 경우는 예상보다 투자금이 많이 든 경우이다.

실제로 직장동료가 15년 전에 화곡동, 창신동 등의 빌라가 재개발된다는 공인중개사무소 직원들의 말에 넘어가 화곡동 빌라 반지하를 1억원의 대출을 포함해서 1억 5천만원에 매수한 안타까운 일이 있다. 화곡동,

창신동은 재개발 조합설립에 실패하고 사업이 무산, 지연되었다. 그 물건을 매도하려고 부동산에 문의를 하면 9천만원 이하 가격을 제시받는다고 한다. 더 큰 문제는 그 가격에도 살 사람 찾기가 매우 힘들다는 것이다. 손해도 손해지만 오랜 기간 동안 마음고생도 심했을 것이다. 이렇게 재건축이 된다는 공인중개사무소의 말에 현혹되어 재건축 절차를 모르는 상대에서 확인노 안 해보고 낡은 빌라나 오래된 아파트를 사서 고생하는 경우가 의외로 많다. 이런 일이 많기 때문에 재개발은 위험하다는 말들을 하는 것이다.

오래된 빌라가 재개발된다는 말이 나돌면 그 빌라의 원래 가격에 재개발 프리미엄이 붙기 시작한다. 만약 재개발이 무산되면 당연히 프리미엄을 주고 산 사람들의 손해는 막심할 수밖에 없다. 재개발·재건축 투자는 진행 절차를 이해하고 투자해야 한다. 묻지마 투자는 크나큰 재앙을 초래할 수 있다. 잘 모르면 투자하지 않는 편이 낫다.

## 재건축되는 아파트는 따로 있다

모든 아파트가 낡았다고 다 재건축이 되는 것이 아니다. 지금 서울에서 2000년대 이후에 지은 높은 아파트들은 향후 오랜 시간이 지나도 재건축되기는 힘들 것이고 리모델링으로 가게 될 확률이 높다. 선진국 대도시의 경우를 보면 쉽게 알 수 있다. 뉴욕, 파리 같은 도시는 100년이 넘은 아파트도 재건축하지 않고 개보수하면서 사용한다. 놀라운 것은 그렇게 오래되었어도 관리가 잘 된 집은 깨끗하고 심지어 리모델링을 잘한 집들은 새집 같아 보이기도 한다. 또 위치가 좋으면 연식과 무관하게 매우 비싸다.

재건축 투자를 하기 위해서는 용적률과 대지지분, 건폐율, 사업성 등을 따져야 한다. 하지만 복잡하게 생각할 것은 없다. 남들이 선호하는 지역에 위치하고 땅이 넓은 중저층 아파트는 재건축이 수월하다. 용적률이 많이 남아있고 재개발·재건축 조합설립이 이미 되었거나 조합설립 가능성이 높은 지역은 희소성이 높으니 관심을 가지고 찾아보자.

땅이 넓고 선호지역에 있어도 개발이 안 되거나 속도가 너무 느린 경우도 많다. 소유자들끼리 의견조율이 안 되고 서로 치열하게 싸우기만 하는 것이다. 아무리 좋은 지역이라도 개발이 안 되면 헛수고이다. 개발이 확실히 되는 지역에 투자해야 한다.

오래되었다고 무조건 재개발·재건축이 될 것이라고 생각하고 투자하는 시대는 지났다. 앞으로 용적률 높은 오래된 아파트는 재건축이 아니라 관리하고 개보수하는 방향으로 갈 수도 있기 때문이다.

# 재개발·재건축
# 투자 리스크 줄이기

재개발·재건축이 확실한지 불확실한지 어떻게 알 수 있을까? 그러기 위해서는 일단 재개발·재건축에 대한 기본 지식을 갖추어야 한다. 재개발·재건축에 대해 알아야 할 내용은 크게 3가지이다.

1. 재개발·재건축 진행 절차 이해하기
2. 재개발·재건축 규제 확인하기
3. 재개발·재건축 가격구조 이해하기

## 1. 재개발·재건축 진행 절차 이해하기

재개발·재건축의 주요 진행 순서를 간략하게 압축하면 아래와 같다.

구역지정 → 추진위원회 → 조합설립 → 사업승인 → 관리처분 →
이주/철거 → 착공 → 일반분양 → 입주

다음은 재개발·재건축 추진 절차에 따른 분석 및 투자 단계를 정리한 표
이다.

| 추진 절차 | 분석 및 투자 |
|---|---|
| 구역지정 | 관심 있게 지켜보는 단계 (2~3년) |
| 추진위원회 | |
| 조합설립 | 개략적인 사업성 분석 단계 (1~2년) |
| 사업승인 | 일반적인 투자 결정 단계 (1년) |
| 관리처분 | 사업성 공개로 수익성이 감소하는 단계 (1~2년) |
| 이주/철거 | |
| 착공 | |
| 일반분양 | 매도나 입주 여부를 결정하는 단계 (3~4년) |
| 입주 | |

재개발·재건축 진행 절차

재개발·재건축 진행 절차를 숙지하고 투자하는 것은 매우 중요하다. 구
역지정에서 입주까지 빠르면 10년 정도 걸리고 길면 20년도 넘어간다.
조합설립에서 입주까지 보통 10년은 걸린다고 봐야 하고 이보다 더 빠를
수도 있지만 더 길어지는 경우도 흔하다.

아무리 좋은 지역이고 재개발이 될 것처럼 보이는 지역이라도 구역지정
이나 조합설립도 안 된 시점에 투자하기에는 리스크가 너무 크다. 구역
지정이 되었다가 다시 풀리는 경우도 꽤 있기 때문이다. 그러므로 초기
단계의 재개발·재건축 투자는 일반 갭투자라고 보고 나중에 추가적으로

재개발도 노려보겠다는 정도로 생각하는 것이 정신 건강에 좋다.

진행 절차상 가장 중요한 3가지 포인트는 조합설립, 사업승인, 관리처분이다. 조합설립은 재개발·재건축의 초기 단계이지만 가장 중요한 포인트이다. 재개발·재건축 지역의 소유자 동의율이 75% 이상 되어야 조합설립이 된다. 재개발·재건축 지역들을 들여다보면 조합이 아닌 추진위원회 구성 및 승인 단계인 지역도 꽤 있다. 그만큼 조합설립은 쉽지 않은 일이다.

조합설립이 되었다면 그 지역은 공식적으로 재개발·재건축이 진행된다고 볼 수 있다. 조합설립이 되고 실제 사업이 진행되면 시세가 일반 매물이 아닌 재개발·재건축 매물의 성격을 띄게 되므로 시세 반영이 될 확률이 높다. 이때가 바로 좋은 투자 포인트이다.

관리처분은 재개발·재건축의 모든 준비과정이 끝나서 곧 이주, 착공, 분양한다는 것을 뜻한다. 재개발·재건축의 모든 힘든 과정을 거친 막바지 단계이다. 그러므로 이 단계에서 투자하는 것이 가장 안전하다. 막바지 단계이므로 가격이 많이 상승되어 있어서 앞 단계에서 투자하는 것보다 수익은 크지 않을 수 있지만 대신 리스크가 적다. 이 단계에서 투자해서 큰 수익을 보는 분들도 있다.

조합설립 다음 단계인 사업승인은 조합이 사업에 대한 계획을 시장에게 제출하고 인가를 받는 단계이다. 재개발·재건축이 잘 진행되고 있다는 것을 의미하는 것이기도 하다. 이때의 계획은 구체적인 것은 아니며 사업의 큰 그림을 계획하고 승인을 받는 것이다. 사업승인을 받게 되면 구체적인 계획으로 관리처분을 신청할 준비를 하게 된다. 사업승인 전후도 투자의 포인트가 될 수 있다.

구역지정도 되지 않은 상태거나 추진위원회 단계인데도 입주가 언제냐고 문의하는 사람들이 있다. 어느 누구도 모른다. 재개발·재건축은 잘되면 큰 수익을 주지만 입주 전에 많은 우여곡절이 있을 수 있고 생각보다 더디게 진행되거나 아예 조합설립 전에 좌초되는 경우도 있다. 절차를 잘 이해하고 안전한 투자를 해야 한다.

재개발·재건축은 최소한 구역지정이 된 지역에 투자해야 하고, 재당첨 5년 제한을 피할 수 있는 초기 단계나 혹은 관리처분 단계인 곳 중에서 매매 가능한 것으로 투자할 것을 추천한다.

## 2. 재개발·재건축 규제 확인하기

2020년은 재개발이 재건축보다 부동산투자에 유리하다. 재개발이 재건축보다 상대적으로 제재가 덜하기 때문이다. 최근 몇 년간의 급격한 아파트 가격 상승의 중심에 재건축이 있다 보니 정부의 부동산 규제정책 중 재건축 관련 제재가 많이 있다.

### ① 재건축초과이익환수제

재건축만 해당되고 재개발은 해당되지 않는다. 재건축으로 조합원이 얻은 이익이 인근 집값 상승분을 넘을 시 초과이익에 대해 정부가 세금으로 환수하는 제도이다. 2006년 부동산 호황기에 처음 시행되었다가 부동산 침체기인 2013년에서 2017년까지 유예시켰던 이 제도는 현재 다시 시행되고 있다.

중요한 점은 2006년도에 처음 이 제도가 시행되었을 당시 재건축초과이익을 세금으로 낸 조합은 거의 없다는 것이다. 그 이유는 이 제도가 시행되면서 거의 모든 재개발·재건축이 중단되었기 때문이다.

이때 중단되었던 많은 재건축단지들이 재건축초과이익환수제가 한시적으로 유예되었던 2013~2017년 사이에 사업을 시행해서 새 아파트들이 갑자기 많아지기도 했다. 2017년 12월까지 관리처분을 신청하는 단지들에 한해 이 법을 적용하지 않았으므로 2017년 12월까지 모든 재건축단지들이 관리처분을 신청하려고 애를 썼다. 그 결과 성공적으로 이 날짜에 맞추어 신청한 단지들은 사업이 진행되고 있고 이 날짜까지 신청하지 못한 단지들은 잠정적으로 중지된 상태다.

2017년 12월까지 관리처분을 신청한 단지들 중에서 너무 서둘러 신청한 나머지 조합원들의 의견수렴이 부족했거나 내분이 생겨 소송을 통해 관리처분을 무효화한 경우도 있다. 이런 것을 보면 재건축이 정말 쉽지 않기는 하다.

## ② 조합원 자격 양도 금지

투기과열지구의 재건축 물건은 조합설립 이후부터 입주 때까지 거래가 불가능하다. 재개발의 경우는 관리처분 이후부터 입주 때까지 해당 부동산 물건의 거래가 불가능하다. 단, 재개발은 2018년 이전에 사업승인을 한 사업장은 자유롭게 매매할 수 있다. 이 또한 재개발이 재건축보다 유리한 점이다.

생각해보면 조합설립 후 입주까지는 진행이 더뎌 기간이 많이 늘어날 수 있지만, 보통의 경우 관리처분에서 입주까지는 시간이 늘어지는 경우가 많지 않기 때문이다.

### ③ 공시지가 상승으로 보유세 급증

정부는 실거래가와 공시지가의 차이를 줄이려고 노력하고 있다. 재건축이 진행 중인 유망 지역의 물건은 공시지가가 높아서 이에 따른 보유세인 재산세와 종합부동산세가 부담이 될 수 있다. 그러므로 강남 재건축 물건을 여러 개 소유하는 것은 보유세 부담 때문에 쉬운 일이 아니다. 매년 투자한 물건의 재산세와 종합부동산세를 수천만원 내게 되면 수익률이 현저히 떨어진다.

재개발 투자 물건은 빌라이므로 대부분 재건축 대비 실거래가가 낮고 공시지가는 훨씬 더 낮은 경우가 많다. 또한 재개발 지역의 빌라는 실제 거래가가 비싸더라도 공시지가를 크게 올리는 경우는 흔하지 않다. 재개발 지역의 매물 자체도 가격 차이가 많이 나기 때문에 시세가 저렴한 물건들로 고르면 여러 채를 보유해도 보유세가 크게 부담되지 않을 수 있다.

### ④ 재당첨 5년 제한 조항

재개발·재건축 투자를 하기 전에 이 조항의 내용을 필히 숙지해야 한다. 투기과열지구 내 일반분양을 받으면 5년 내에 또 분양을 받지 못하게 하는 제한조치로, 재개발·재건축의 경우는 관리처분이 분양에 해당된다.

즉, 일반분양을 받거나 재개발·재건축 관리처분을 받은 물건을 소유한 사람이 5년 내에 다른 분양에 당첨되거나 관리처분을 받은 물건을 소유하면 나중의 물건은 현금청산이 되어버린다.

재당첨 5년 제한을 피하기 위해서는 조정지역, 투기과열지구를 피하거나 관리처분 이후의 조합원 물건을 매수하는 방법이 있다. 관리처분 후의 재개발·재건축 물건은 아무리 많이 매수하더라도 이 조항에 해당되지 않는다.

보유한 재개발·재건축 물건이 관리처분 나면 그 시점에 분양을 받은 것으로 간주되기 때문에 관리처분 시점으로부터 5년 동안은 다른 일반분양을 받지 못하고, 역시 5년 이내 보유한 다른 재개발·재건축 물건에서 관리처분이 나면 해당 물건은 입주권이 없어지고 감정평가액만큼 현금으로 돌려받는 현금청산 대상자가 된다. 하지만 매도자가 보유한 기간에 관리처분이 났다면 신규 매수자는 관리처분 시점에 보유하지 않았기 때문에 재당첨 제한 조항에 해당되지 않는다.

예를 들어 A씨가 일반분양에 당첨된 후 재개발 지역 빌라를 매수했다고 하자.

[예 1] A씨가 빌라를 매수한 이후 관리처분이 났고 이 시점이 일반분양 당첨으로부터 5년 이내라면 새로운 당첨(관리처분)이 되었으니 신규 빌라의 입주권은 없어지고 감정평가액 기준으로 현금청산된다.

[예 2] A씨가 새로 매수한 빌라가 관리처분이 늦게 되어 그 전에 일반분양에 당첨된 시점과 5년 이상의 차이가 나는 경우 빌라도 입주권이 나온다. 그러므로 분양을 받은 지 얼마 안 되는 사람의 경우 아예 관리처분까지 시간이 많이 남아있는 재개발 물건을 매수하는 것도 전략이다.

[예 3] A씨가 이미 관리처분이 난 재개발 빌라를 매수한 경우도 A씨가 보유한 시점에 관리처분 난 게 아니므로 입주권이 나온다. A씨가 관리처분이 된 몇 개의 물건을 추가 매수하여도 모두 입주권이 나온다. 관리처분 후 곧 철거와 멸실이 되므로 종부세 합산에 배제되어 보유하기에도 좋은 장점이 있다.

## ⑤ 분양가상한제

앞으로 신규로 짓는 민간아파트의 분양가도 상한제를 시행한다(2020년 7월 29일 이후 입주자모집공고 신청하는 단지부터 적용). 재개발·재건축 조합이 비싼 가격을 책정하는 것을 막게 되니 조합원자격 매수보다 일반분양을 받는 것이 더 싼 경우도 있다.

재개발·재건축 조합에서 관리처분 시점에 조합원분양가와 일반분양가를 제시한다. 조합원분양가는 올리지 못하지만 이제까지 일반분양가는 분양시점에 가격을 많이 올려서 분양하는 경우가 대부분이었다. 지금은 24평 아파트의 조합원분양가가 3억원이라면 일반분양가 4억원에 관리처분을 받게 되는 경우도 있다. 조합원의 큰 장점이 줄어 조합원 물건의 가격에도 영향을 미칠 것으로 보인다.

분양가상한제 하에서 일반분양을 받는 것이 조합원이 되는 것보다 투자수익 면에서는 더 나은 선택일 수 있다. 물론 이로 인해 재개발 투자가 분명 타격을 받을 수는 있다. 하지만 그럼에도 재개발·재건축 투자는 확실하게 입주권을 미리 선점한다는 점과 선호되는 평형과 층을 배정받을 가능성이 높다는 점에서 분명 메리트가 있다.

| 분양 형태 | 장점 | 단점 |
|---|---|---|
| 일반분양 | • 투자수익률<br>• 눈에 들어오는 자금 스케줄 | • 당첨되기 어려움<br>• 저층 위주, 비선호 평형 |
| 재개발·재건축 | • 입주권 선점<br>• 로열층, 로열동, 선호 평형 배정<br>• 철거 이후 입주까지 종부세 합산에서 배제되고 양도세 일반과세 | • 일정의 불확실성<br>• 사업리스크 |

일반분양과 재개발·재건축 투자의 장단점

## 3. 재개발·재건축의 가격구조 이해하기

재개발 투자의 수익률을 구하는 법을 알아보자.

| 매매가 | 3억원 |
|---|---|
| 감정가 | 2억원 |
| 프리미엄 | 2억원 |
| 비례율 | 90% |
| 24평 조합원분양가 | 3억원 |

감정가는 사업시행인가 이후에 나오게 된다. 주의할 점은 사업시행인가도 되지 않고 조합설립도 되지 않았는데 감정가를 예상해서 말하는 부동산이 있다는 것이다. 예상치는 말 그대로 예상일 뿐 감정가는 사업시행인가 이후에 나온다는 것을 알고 있어야 한다.

위의 표에서 보면, 매수하려는 재개발 지역의 빌라 매매가가 3억원이다. 이 물건의 감정평가금액, 즉 권리가가 1억원이므로 3억원에 이 물건을 사지만 나중에 재개발조합에서 감정가에 비례율을 적용한 금액(1억원 × 90% = 9천만원)만큼의 권리를 인정해준다.

비례율은 대부분 100% 전후로 결정된다. 감정평가금액이 1억원일 때 비례율 100%면 권리가가 1억원이고 90%이면 9천만원, 110%이면 1억 1천만원의 권리를 인정받을 수 있다.

여기서는 비례율을 90%로 가정하였으므로, 조합원분양가가 3억원이면 입주할 때까지 추가로 2억 1천만원을 더 지불해야 한다. 지불하는 시점은 보통 일반분양의 중도금을 내는 시점이거나 혹은 입주 시점이다. 추가부담금은 입주 시점에 전세를 놓으면서 낼 수도 있다. 입주 전까지 내가 내야 하는 금액은 '매수가 3억원 + 추가부담금 2억 1천만원'으로 총

5억 1천만원이 된다. 이 재개발 지역의 주변 24평 시세가 7억원이라고 하면 대략 2억원 정도의 시세차익이 예상된다.

중요한 점은 총 매수가 5억 1천만원으로 2억원 정도를 버는 것으로 보이나 사실은 더 좋은 투자라는 것이다. 일단 초기 매수금 3억원에 대출이나 전세보증금이 포함된다면 실투자금은 크게 낮아지게 된다. 대출이나 전세보증금을 이용해 일단 입주권을 확보해두고 추가부담금은 나중에 내면 된다. 추가부담금도 중도금대출이 가능한 경우 실제 내 돈이 그리 많이 들어가지 않을 수 있다.

분양가상한제가 적용되면 일반분양가를 더 높이지 못하게 되니 최근에 급격히 주변 시세가 올라 일반분양가를 올리려고 계획했던 재개발 사업장은 부담이 될 수도 있다.

앞에서 얘기했듯이 어느 재개발 단계에 투자했는지에 따라 수익 시뮬레이션은 바뀔 수 있다. 재개발·재건축 투자는 일반 아파트 투자나 갭투자보다는 확실히 복잡하고 실수를 하면 투자금이 오랫동안 묶이는 데다 손해를 볼 수도 있다. 하지만 재개발·재건축을 제대로 이해하고 무리 없는 투자를 한다면 위험하지도 않고 어떤 투자보다도 수익이 좋을 것이다.

재건축은 투자금이 크고 보유세도 부담되므로 여러 개 보유하기에는 벅차다. 좋은 물건으로 한두 개 보유하는 것을 목표로 삼는 것이 좋다. 재개발은 상대적으로 투자금이 적고 보유세도 적은 편이다. 재당첨 5년 제한 조항에 유의하면서 보유 계획을 다변화하는 노력도 필요하겠다.

**카일의 투자 조언**

**무허가건물 재개발 투자**

재개발 지역에 가면 뚜껑 매물이라는 용어가 등장한다. 뚜껑이란 재개발 지역 내에 위치한 대지지분이 없는 무허가건물을 뜻한다.

다음의 사진과 같이 구청에서 발급되는 무허가건물 확인원이 있으면 재개발 시 아파트 입주권이 나오므로 문제가 있거나 위험한 물건은 아니라고 할 수 있다.

무허가건물은 대지지분이 없으므로 감정평가를 받게 되면 기준가액이 몇 백만원 정도로 매우 낮게 책정된다. 즉 매수가격 자체가 프리미엄이 된다. 재개발의 특성상 투자비용이 적게 드는 것이 유리하므로 일반적인 대지지분이 있는 물건보다 오히려 무허가건물에 프리미엄이 더 붙는 경우가 많다. 개발이 확실히 진행되는 구역에 있다면 무허가건물 확인원이 있는 무허가건물은 위험하지 않기 때문이다.

무허가건물 재개발 투자 시에는 건물이 크든 작든 추후 감정평가는 비슷하게 매우 낮으므로 작은 물건을 사는 것이 유리하다.

보유비용은 일반 빌라에 비해 저렴한 경우가 많다. 재산세를 내는 것이 아니라 자산공사에 지료를 내게 되는데 지료가 들쑥날쑥인 경우가 많으므로 구매 전에 미리 확인해야 한다.

| 장점 | 단점 |
|---|---|
| • 실투자금이 적다.<br>• 보유세가 상대적으로 적다. | • 열악한 주거환경으로 공실 가능성이 있다.<br>• 재개발 좌초 시 활용이 불가할 수도 있다. |

| 무허가건물 확인원 | | | 처리기간 | |
|---|---|---|---|---|
| | | | 즉 시 | |

발급번호 : 2018-████

| 무허가건축물 | 소유자 | 도로명주소 | 서울 송파구 위례광장로 ████████ | |
|---|---|---|---|---|
| | | 주 소 | 서울특별시 송파구 장지동 ████████ | |
| | | 주민등록번호 | ████████ | 성 명 | ████ |
| | 건축물 및 토지 | 소재지 | 서울특별시 관악구 신림동 ████████ | |
| | | 도로명주소 | - | |
| | | 건물면적 | 23.14㎡(7평) | 건물구조 | 세멘조 |
| | | 건물등재번호 | 11620-등재-████ | 토지현황 | 토지에 관한 사항은 별도확인 |
| 사용용도 | | 확인용 | | |

위에 기재한 건축물이 기존무허가건축물 대장에 등재되어 있음을 확인하여 주시기 바랍니다.


### 2018년 11월 06일


신청인 : ████ (인)


## 서울특별시 관악구청장귀하

본 확인서는 아파트 입주권과 무관합니다.

| 구비서류 | 수수료 | 확인발급자 | | |
|---|---|---|---|---|
| | | 소속 부서명 | 성 명 | 전화번호 |
| 없음 | 수입인지 첨부 | 관악구청 | ████ (인) | ████████ |

위와 같이 확인합니다.

서울특별시관악구청장
2018년 11월 06일
증명은 그 효력을 보증할 수 없습니다.

서울특별시 관악구청장(직인)

관악구
500원
2018.11.06
G12013293
문서발급일
2018년11월

무허가건물 확인원

# 뉴타운을 통한
# 재개발 투자처 알아보기

개별 소유자들이 본인의 지역을 개발하는 것이 재개발이다. 이와 달리 뉴타운은 정부에서 구역을 지정해서 체계적으로 개발하여 아파트뿐 아니라 학교, 공원 및 녹지 공간 등을 함께 개발한다. 뉴타운의 목적은 서울을 균형발전시키는 것이므로 대부분 강북권이나 강남권을 제외한 곳에 위치한다.

서울에는 많은 재개발 지역이 있다. 이 중에 어느 한 물건이라도 잡으면 향후 서울에 새 아파트를 가질 수 있다. 뉴타운 투자를 위해서는 앞에서 말한 재당첨 5년 제한 조항에 주의해야 한다. 이 조항에 해당되지 않기 위해서는 다음과 같은 투자전략이 필요하다.

1. 관리처분 후에 매수한다.

2. 관리처분인가까지 한참 남은 단계인 조합설립 전후에 매수한다.

이런 식으로 매수하면 재당첨 5년 제한에 해당되지 않고 자금만 여유가 있으면 다수의 뉴타운 물건에 투자가 가능하다.

누구나 서울의 요지에 새 아파트를 보유하고 싶어 한다. 여유가 된다면 당장 새 아파트에 투자해도 되지만 그렇지 않다면 뉴타운 재개발 물건을 매수해서 시간에 투자하는 것도 좋은 방법이다.

개발 단계를 이해하고 확실히 진행되는 뉴타운의 입주권을 저렴한 가격으로 구매한 다음 열심히 직장생활에 집중하면 된다. 시간이 흐르면 언젠가 새 아파트로 바뀌게 될 것이며 그때가 되면 추가부담금이 지금 생각하는 부담보다 적어질 가능성이 크다. 투자금은 입주 시 전세를 주면 운이 좋은 경우 100% 회수도 가능하다.

서울은 모든 뉴타운이 다 좋다고 할 수 있다. 그래도 우선순위를 꼽자면 높은 인기를 누리고 있는 한남뉴타운, 성수뉴타운, 흑석뉴타운 등이다. 이런 인기 뉴타운은 실거주도 염두에 두어야지, 단순 투자로 접근하기에는 투자금이 너무 커서 무리가 따른다.

실거주용이 아니라면 가급적 투자금이 적게 들어가는 재개발 뉴타운 사업을 눈여겨보아야 한다. 상대적으로 접근이 용이한 가격대의 몇 가지 뉴타운을 살펴보자.

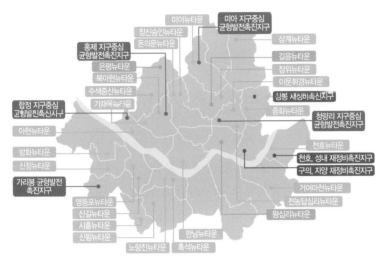

미아뉴타운
미아 지구중심 균형발전촉진지구
장신승인뉴타운
상계뉴타운
홍제 지구중심 균형발전촉진지구
돈의문뉴타운
길음뉴타운
은평뉴타운
장위뉴타운
북아현뉴타운
이문휘경뉴타운
수색증산뉴타운
싱봉 새싱비촉신지구
합정 지구중심 교형발전촉신사구
가재울뉴타운
중화뉴타운
청랑리 지구중심 균형발전촉진지구
아현뉴타운
천호뉴타운
방화뉴타운
천호, 성내 재정비촉진지구
신정뉴타운
구의, 자양 재정비촉진지구
가리봉 균형발전 촉진지구
거여마천뉴타운
영등포뉴타운
전농답십리뉴타운
신길뉴타운
왕십리뉴타운
시흥뉴타운
신림뉴타운
한남뉴타운
노랑진뉴타운
흑석뉴타운

**서울 뉴타운 지도**

## 1. 신림뉴타운

신림뉴타운은 상대적으로 다른 뉴타운보다 규모가 작고 진행 속도가 더
더서 주목을 못 받아왔다. 하지만 신림 2~3구역이 속도를 내어 관리처분
중이고 최근 가장 규모가 큰 신림 1구역의 조합설립이 성공적으로 되었
다. 신림뉴타운의 장점은 다음과 같다.

① 신림선 역사가 신림 1구역에 생긴다. 지하철 1, 2, 7, 9호선과 환승이 되며, 여의도 업
　무지구와 연결된다.
② 강남순환도로에 진·출입하기에 수월하다. 강남순환도로 관악IC가 신림뉴타운 근처에
　위치하여 강남으로의 이동이 수월하다.
③ 뉴타운 내 자연하천이 흐르며 뒤로는 산을 품고 있어 환경이 뛰어나다. 개발 전에는

이런 장점이 느껴지지 않지만 개발 후에는 크게 다가올 것이다.

## 2. 이문휘경뉴타운

청량리 개발에 영향받을 수 있는 지역이다. 주변에 대학이 많이 포진한 것도 장점이다. 이문휘경뉴타운의 장점은 다음과 같다.

① 청량리 개발 영향권의 대규모 주거지역이다. 청량리는 앞으로 GTX가 들어오게 될 뿐만 아니라 상업지구로도 개발된다.

② 주변에 대학이 많이 포진해 있다. 한국외국어대학교, 고려대학교, 경희대학교, 한국예술종합학교 등 많은 대학이 있어 유동인구가 풍부하고 임차수요도 많다.

③ 동부간선도로가 지하화되면 공원이 더 생기고 중랑천과의 접근성도 좋아지게 된다.

## 3. 장위뉴타운

규모가 매우 큰 뉴타운이므로 향후 거주지역으로 주목받을 것으로 예상된다. 광운대역세권 개발의 수혜지이고 청량리도 가깝다. 장위뉴타운의 장점은 다음과 같다.

① 광운대역세권 개발의 직접적 수혜지역이다.

② 뉴타운으로서 규모가 매우 크다.

## 4. 광명뉴타운

광명은 경기권이지만 서울이나 마찬가지이다. 경기권 중에 광명과 과천만이 서울지역번호 02를 사용하는 것만 보아도 이를 엿볼 수 있다. 광명은 대규모 업무지구인 가산디지털단지 바로 옆에 위치하고 광명뉴타운이라는 대규모 주거지역이 평지에 조성되므로 선호 거주지역이 될 것이다. 현재 진행 중인 철산동 재건축과 향후 재건축이 가능한 하안동주공아파트 등 꾸준한 호재가 있으므로 시너지효과가 있을 것이다.

광명의 장점은 구역이 많고 대부분 구역의 재개발 진행 속도가 빠르다는 것이다. 일반분양도 차례대로 계속 진행될 것이다. 광명의 여러 구역에서 차례대로 분양이 이루어지면 일반인들의 관심이 많아질 것이고 가치도 상승할 것으로 전망된다.

광명뉴타운 입성을 위해서는 조합원 물건을 매수하는 방법과 청약당첨을 노리는 방법이 있다. 광명은 경기도이므로 청약 시 해당 지역 우선공급 자격이 되면 청약에서 당첨될 가능성이 훨씬 더 높다. 따라서 미리 광명에서 전월세로 사는 것도 나쁘지 않다.

## 5. 성남재개발

낙후되었던 성남의 재개발이 활발하게 진행되고 있다. 위례 바로 아래에 있으므로, '분당 - 성남재개발 - 위례 - 거여마천뉴타운 - 감일지구'에 이르는 거대한 주거벨트가 형성되는 것이다. 성남 재개발은 경기권의 새 아파트를 선호하는 수요층에게 좋은 투자처가 될 것이다. 진행이 많이 된 곳과 그렇지 않은 곳이 있으므로 각자의 상황에 맞게 접근하면 된다.

# 월세 500만원의 아파트를
# 소유하다

## 부동산 정책의 혜택을 파악하고 투자에 나서다

2013년 즈음에는 부동산 경기가 무척 나빴다. 집을 사는 사람은 없고 모두들 전세로만 살려고 들 때이다. 정부는 부동산 경기 부양을 위해 일정 기간에 1가구 1주택자의 부동산을 매수하는 경우 해당 부동산에 대해 향후 처분 시 양도세를 100% 면제해주는 큰 혜택을 주기도 했다. 매도자가 1주택자인 경우 해당 주택을 매수하면서 구청의 1주택 확인서 도장을 받아오면 매수자는 향후 해당 주택 매도 시 양도세 혜택을 받게 되는 제도였다.

지금의 시장상황으로는 이해가 안 될 정도로 큰 혜택이지만 그 당시는 어떻게 해서든 부동산 경기를 살리기 위해 정부가 여러 혜택을 주었다. 이러한 혜택에도 대다수의 사람들은 매수를 하지 않았다. 왜냐하면 가격이 오를 것이라 생각하지 못한 시절이었기 때문이다. 이 시기에 부동산을 산 사람들은 언제 팔아도, 시세차익이 커도 양도세 면제 혜택을 볼 수 있었다. 정말 큰 혜택이었기에 이때 투자하지 못한 것을 후회하는 이들이 많았다.

2014년부터는 부동산 상승기가 시작되었다. 2014~2018년은 정부가 임대주택 등록을 적극적으로 장려하던 시기로, 임대사업자에 등록하면 전용면적 85㎡ 이하, 공시지가 6억원 이하의 주택은 여러 가지 세금혜택을 준다고 발표해 많은 사람들이 임대사업자 등록을 하였다. 현재는 폐지되었지만 2015년에는 임대주택을 등록한 뒤 10년간 임대하면 양도세 100% 감면 혜택을 주겠다는 파격적인 혜택도 발표되었다. 지나치기 어려운 혜택이었기 때문에 나는 장기보유하면서 임대사업에 등록할 물건을 물색하기 시작했다.

## 용산 개발 효과를 볼 수 있는 신공덕에 투자하다

용산 개발이 이슈가 되면서 용산에 큰 관심이 생겼지만 이미 가격이 많이 올라 사고 싶은 물건을 만나기 쉽지 않았다. 그래서 용산을 약간 벗어나니 마포 신공덕역 주변에 아파트나 주상복합단지들이 많이 있었고 가격대나 전세가를 알아보니 갭투자로 접근 가능했다. 용산과 가까워 충분히 용산 개발 효과를 볼 수 있고 신공덕역 자체의 위치도 좋아 신공덕역 초역세권 물건에 투자하였다.

매매가 대비 전세가가 높아 실투자금은 1억원이 조금 더 드는 수준이었다. 운이 좋아서인지 몇 년이 지난 지금의 매매 시세는 10억대를 훌쩍 넘어섰고 무엇보다 앞으로의 용산 개발로 더 큰 시세상승을 기대할 수 있다. 이 물건은 2018년에 매수하여 주택임대사업자에 등록하였는데 등록 당시 85㎡ 이하, 공시지가 6억원 이하였으므로 종합부동산세 합산에서 배제되고 10년 이상 임대 시 양도세 감면 혜택을 볼 수 있다. 용산 개발이 시작될 즈음엔 10년 이상 보유로 양도세 혜택을 받을 수 있을 것이므로 그때 매도하거나 월세로 돌려 임대수익을 받을 계획이다.

이런 세제지원은 2020년 7·10대책이 나오기 이전에 등록한 임대사업자에게만 한정된다. 7·10대책에서 임대 의무기간 4년인 단기임대, 8년 이상 임대하는 아파트 장기임대를 폐지한다고 하여 그동안 임대사업자 등록을 했던 사람들에게 충격을 주었다. 많은 이들의 반발이 있었고 정부는 기존 임대사업자의 세금혜택을 다시 유지하되 그 기간이 끝나면 자동으로 등록을 말소하고 이후에는 혜택을 줄 수 없다고 긴급수정 발표하였다. 그러나 애초와는 달리 양도세 혜택의 금액을 줄이고 대신 의무임대기간을 줄이는 세금혜택 내용상의 수정이 있었다. 이렇게 부동산 세제가 계속 개편되어 혼란스러운 상황이다. 하지만 그럴수록 꼼꼼히 살펴봐야 한다.


## 서울숲 앞 한강변 아파트에 월세세팅 투자하다

2017년 어느 날, 강변북로를 따라 지나는 중이었다. 성수동 서울숲 앞에 한강이 바로 발밑으로 보이는 초고층아파트가 건설 중인 것이 보였다. 나는 즉흥적으로 현장을 방문했다. 마침 사전점검을 하고 있어서 공인중개사무소를 통해 내부에 들어갈 수 있었고 럭셔리한 실내와 한강이 펼쳐지는 전망을 보고 한눈에 반해버렸다.

성수동 서울숲 근처는 갤러리아포레, 트리마제, 아크로포레스트 등의 고급 아파트들이 있고 곧 부영에서도 주상복합을 건설할 예정이다. 근처 성수동 재개발이 예정되어 있으므로 한남동과 더불어 서울의 대표적인 부촌이 될 지역이다.

먼저 은행을 통해 대출이 되는지를 확인하였다. 2017년 상반기는 내출 규제 전이었기 때문에 대출이 되었고 은행에서도 고급 아파트라는 점을 인지하여 생각보다 많은 금액을 대출받을 수 있었다. 계산해보니 월세가 대출이자보다 더 나올 것이라는 확신이 들었다.

투자 목적이었기에 소형평수를 사고 싶었다. 하지만 언제나 그렇듯이 가격은 소형부터 오른다. 벌써 소형평수는 프리미엄이 올라가고 있었고 무엇보다 물건 구하기가 힘들 정도로 매수 대기가 많았다. 한 단계 넓은 평형인 30평대에 전용면적 84㎡인 물건을 타깃으로 삼고 퇴근하면 공인중개사무소를 거의 매일 방문했다. 같이 커피를 먹기도 하고 어떤 날은 저녁을 사기도 했다. 좋은 물건이 나오면 나부터 소개해달라는 부탁도 하면서 말이다. 이런 노력이 통했는지 어느 날 고층 로열층에 한강이 아주 잘 보이는 물건을 소개받았고 적절한 가격에 매수할 수 있었다.

매도자는 연세가 지긋한 변호사로, 은퇴 후 해외로 거주지를 옮기게 되어 빨리 처분해야 하는 상황이었다. 담보대출과 신용대출을 받고 월세보증금을 받아서 겨우겨우 매수를 진행할 수 있었다.

대출이자와 세금부담이 컸지만 역시 월세 수입이 훨씬 더 컸다. 2년이 지난 후에 월세보증금을 대폭 올릴 수 있었고 이때 준공공임대로 등록을 하였다. 이 물건은 전용면적 85㎡ 이하지만 주택임대사업자 등록 당시 공시지가가 6억원 이상이었으므로 종합부동산세 합산배제의 혜택은 보

**한강이 펼쳐지는 전망에 반해 투자한 초고층 아파트**

지 못한다. 대신 일정 기간 이후 매도하게 되면 양도세 절감 혜택을 볼 수 있다. 이 한강변의 초고층아파트를 매수한 기쁨은 처음으로 아파트를 매수했을 때만큼 컸다.

이 아파트 역시 대출금과 보증금을 빼면 실투자금은 그리 많이 들지 않았다. 이 당시까지는 대출규제가 심하지 않았던 탓에 15억원 정도의 아파트를 살 때 10억원 정도 대출받는 것은 어려운 일이 아니었다. 한강 뷰라는 희소성으로 30평대 매매가는 곧 30억대로 치솟았다. 전세를 준다면 매수금액을 다 회수하고도 남게 된다. 월세 시세도 일반 아파트와는 상당한 차이가 있다. 30평대 기준으로 보증금 3억원에 월세 500만원, 600만원에도 수요가 꾸준하다.

앞으로도 부동산 경기와 부동산 규제는 계속 변동될 것이다. 하지만 서울의 한강변 아파트, 특히 한강뷰가 좋은 아파트에 대한 수요는 앞으로도 안정적일 것이다. 시간이 갈수록 가치 또한 올라갈 것으로 예상된다.

# 당장 은퇴해도
# 문제없는
# 포트폴리오 짜기

# 2020년 부동산 시장상황과
# 투자전략

2020년 현재의 부동산 시장은 2008년의 부동산 침체기 초입과 비슷한 점이 많다. 문재인 정권 들어 부동산 규제는 지속적으로 강화되었지만 시세는 폭등하였다. 강력한 규제정책, 그럼에도 지속된 시세상승으로 인한 피로감, 여기에 코로나라는 악재까지 겹쳐 현재 부동산투자 상황은 좋지 못하다. 하지만 투자 상황이 전반적으로 좋지 못한 것이지 투자할 곳이 없는 것은 아니다. 또 이러한 상황이 얼마나 지속될지도 모른다.

지난 부동산 폭등장에 갭투자로 수십, 수백 채의 아파트와 빌라를 사서 보유한 사람들도 있다. 부동산 시장이 좋을 때는 문제가 드러나지 않지만 시장상황이 조금 안 좋아지면 현금유동성을 확보하지 못했거나 자기자본이 충분하지 않는 투자자들은 휘청거리기 쉽다.

TV를 보면 전세금을 못 받는 세입자, 경매로 넘어가는 집들에 대한 뉴스

| 일자 | 대책명(약식) | 주요 내용 |
|---|---|---|
| 2017. 6. 19. | 6 · 19대책 | LTV 70~60% 축소 및 전매제한 강화 |
| 2017. 8. 2. | 8 · 2대책 | 투기지역 · 투기과열지구 지정 및 재당첨 제한, 조합원지위 양도 금지, 조정지역 다주택자 양도세 중과(2018. 4. 시행) |
| 2017. 9. 5. | 9 · 15 추가 조치 | 분당 · 대구 수성 투기과열지구 지정 |
| 2017. 10. 24. | 가계부채 종합대책 | 新DTI, DSR, RTI, LTI 도입 |
| 2017. 11. 29. | 주거복지 로드맵 | 공적임대 85만 가구 + 공공분양 15만 가구 등 총 100만 가구 공급 |
| 2017. 12. 13. | 임대주택 등록 활성화 방안 | 세제 혜택으로 임대사업자 등록 유도 |
| 2018. 2. 20. | 재건축 안전진단 강화 | 구조안전성 평가 가중치 상향, 주거환경평가 가중치 하향 |
| 2018. 7. 5. | 신혼부부·청년 주거지원 방안 | 신혼희망타운 공급물량 10만 가구로 확대 |
| 2018. 7. 6. | 종합부동산세 개편(안) | 종부세율 인상 및 중과 |
| 2018. 8. 27. | 8 · 27대책 | 투기지역 확대 및 광명 · 하남 투기과열지구 지정 |
| 2018. 9. 13. | 9 · 13대책 | 종부세율 확정 및 신규취득 주택 임대사업자 혜택 축소, 대출규제 강화 |
| 2018. 9. 21. | 주택공급대책 | 3기 신도시 계획 발표 및 서울 유휴부지 활용 방안 |
| 2018. 12. 19. | 수도권 주택공급 확대 방안 | 3기 신도시 지정(과천 · 계양 · 교산 · 왕숙) |
| 2019. 5. 7. | 수도권 주택공급 확대 방안 | 3기 신도시 추가 지정(창릉 · 대장) |
| 2020. 12. 16. | 12 · 16대책 | 주택가격에 따라 담보대출 비율 축소 혹은 금지 |
| 2020. 6. 17. | 6 · 17대책 | 규제지역 대폭 확대, 재건축 조합원 2년 실거주 의무 |
| 2020. 7. 10. | 7 · 10대책 | 취득세 및 양도세 대폭 강화, 임대사업자 사실상 폐지 |

**문재인 정부의 부동산 관련 정책**

가 나오기 시작한다. 앞으로 이러한 뉴스는 더욱 많아질 것이다. 최근 계속되어온 부동산 상승장에서는 경매투자가 인기가 없었다. 그 이유는 부동산 상승기에는 좋은 물건이 경매로 잘 나오지도 않고 경매 과열로 입찰가가 높아지므로 경매로 살 이유가 없기 때문이다. 하지만 상승장에서 부동산 상승세가 너녀지면 2~3년 후에는 경매물건이 쏟아져 나오기 마련이다. 상승장의 후반부에는 그때까지처럼 상승하길 기대하며 과도한

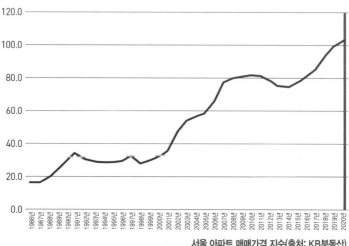

서울 아파트 매매가격 지수(출처: KB부동산)

대출을 받아 투자하는 사람들이 있기 마련이다. 모든 일이 과하면 탈이 나듯 부동산 시세가 정체 또는 하락하거나 금리가 올라가기라도 한다면 과도한 대출로 투자한 사람들은 대출이자 납입과 원금상환을 못하는 상황에 놓인다. 급하게 부동산을 매도하려고 해도 부동산 정체기에는 매도가 쉽지 않다. 결국 대출을 실행한 금융회사들은 원금회수를 위해 경매로 부동산을 넘겨 원금을 회수한다. 이러한 경매물건이 많아지면 낙찰률도 낮아지게 될 것이고 시세보다 훨씬 싸게 좋은 물건을 매수할 수도 있다. 이것이 부동산 경매에 관심을 가져볼 만한 이유이다.

부동산 시장이 냉각기에 접어들면 재개발·재건축 물건이 가장 먼저 눈에 띄게 하락한다. 특히 진행 초기에 있는 재개발·재건축 물건일수록 정도가 심하고 많이 진행된 재개발·재건축 물건은 상대적으로 영향을 덜 받게 된다.

위의 그래프를 보면 2007~2016년에 걸쳐 10년 정도 정체기, 하락기가 있었다. 그 전에 시세가 상승하기를 기대하며 과도한 빚을 내서 투자를 한 사람들은 이 시기가 매우 힘들었을 것이다. 당시 하우스푸어, 즉 집은 있는데 과도한 대출로 생활이 힘든 사람들이 사회문제가 되었고 투기를 한 다주택자들의 주택은 경매로 넘어갔다.

정체기나 하락기에 사회문제가 되는 부동산 투자자들은 무리한 투자를 한 사람들이다. 현금유동성을 확보하고 임대수익 위주의 부동산 포트폴리오를 구축해놓으면 부동산 냉각기가 와도 아무 문제가 없다.

앞으로의 부동산 정체기도 얼마나 오래 지속될지 모르지만 확실한 것은 준비 없이 무리하게 투자한 사람들은 곤경에 처할 것이고 자산관리를 하며 안전하게 투자한 투자자들에게는 달콤한 휴가의 시기가 될 수 있다.

부동산 정체기에는 보유물건 중에 경쟁력이 있어 장기보유가 필요한 물건 외에는 정리를 해야 한다. 또한 임대수익 투자로 포트폴리오를 변경해야 한다. 월세세팅 투자의 장점이 빛을 발할 시기이다. 아무리 보유세가 높다고 해도 내가 받는 월세가 더 높다면 문제가 되지 않는다. 투자금 대비 월세 수익이 높은 물건은 상가, 빌딩, 오피스텔, 다가구주택일 것이다. 이러한 물건들은 과거 하락장에서 그러했듯이 인기가 높아질 것이다. 반면 아파트는 월세수익 면에서 상대적으로 열세이므로 인기가 덜할 것이다. 하지만 아파트 중에 특이하게 월세수익이 좋은 아파트들이 있다. 이러한 아파트가 상대적으로 인기를 끌 수 있다.

지난 몇 년간은 시세차익용 부동산이 크게 인기를 끌었다면 앞으로는 임대수익용 부동산이 더 인기를 끌 것으로 쉽게 예상된다. 부동산 조정기, 하락기가 얼마나 오래갈지 모르지만 과거의 사례에서 보듯이 언젠가는 다시 상승장이 올 것이고 상승장에서는 과거의 가격을 회복하는 정도가 아니라 더 높이 상승할 것이라는 것도 충분히 예상이 가능하다.

기존에 투자를 많이 한 분들은 절세를 위한 세금 공부를 열심히 해야 하고 리스크를 줄여야 한다. 이제 투자를 시작하는 분들은 이번 조정장이 투자를 위한 절호의 기회이다. 부동산 가격이 오르기만 한다면 기존에 투자를 못했던 사람들은 투자 기회를 얻기 힘들 것이다. 하지만 지금과 같은 조정장에서는 좀 더 좋은 기회를 얻을 수 있다.

지금까지 부동산투자를 하면서 두 번의 상승장과 한 번의 하락장을 경험했다. 첫 번째 상승장에서는 위태위태하게 적은 투자금으로 투자해서 투자금을 불릴 수 있었고, 두 번째 상승장에서는 좀 더 많은 투자금과 경험, 지식으로 좀 더 공격적인 투자를 할 수 있었다.

이렇게 두 번의 상승장을 경험하고 투자를 실행한 덕분에 감사하게도 예전과는 비교할 수 없는 자산을 이루게 되었다. 중요한 점은 그동안 경험한 두 번의 상승장 직전에는 부동산 하락장이 있었다는 사실이다. 하락장에서는 많은 사람들이 부동산투자를 하지 않고 관심조차 두지 않으려고 한다. 이렇게 대부분의 사람들처럼 생각하면 자산 확장은 힘들다고 봐야한다.

상승장에 참여하기 위해서는 정체기, 침체기에도 꾸준히 부동산투자에 관심을 가져야 한다. 무엇보다 서점에 자주 가야 한다. 나는 점심을 먹고 회사 근처 서점에 자주 간다. 서점에서 새로 나온 책들의 제목만 쭉 봐도 현재 부동산, 주식, 경제 등 사회 분위기를 쉽게 파악할 수 있다.

상승장에서 투자할 때는 마음과 몸이 몹시 바쁘다. 한 건에 투자하기 위해 10건, 20건의 물건을 보아야 하고 검토도 해야 하기 때문이다.

다가올 부동산 정체기에서는 그렇게 바쁠 이유가 없다. 이전의 하락기와 비슷하게 임대수익 위주로 포트폴리오를 구성해가는 중이며 절세를 위한 세금 공부에 집중하고 있다. 강의는 부동산 강의보다 세금 강의에 더 관심을 기울여 듣고 있다. 기존 보유물건의 절세 방안을 위해 여러 시뮬레이션을 해보고 있고 보유물건을 늘리는 것보다 기존 물건의 보증금을 낮추고 월세를 높여서 임대수익을 높이는 데 초점을 맞추고 있다.

# 지속적인 투자의 핵심은
# 리스크 관리다

부동산투자를 지속적으로 하기 위해서는 무엇보다 투자 리스크 관리를 해야 한다. 리스크 관리를 위해서는 아래 3가지 요소가 중요하다.

1. 현금유동성 확보
2. 포트폴리오 구성
3. 세금 공부

직장인은 투자를 하면서 엄청나게 큰 수익을 내려고, 또는 많은 물건에 투자를 하려고 노력할 필요는 없다. 이런 고수익에 대한 기대가 스트레스가 되면 투자를 장기간 지속하지 못하게 된다. 투자에 대해 관심을 잃지 말고 직장생활을 하면서 지속적으로 투자하면 자산은 복리로 불어나게 된다.

20대가 투자 준비기라면 30대는 투자를 시작하는 시기이며 40대 이후는 투자를 지속하는 시기이다. 그냥 직장생활만 하는 사람들보다는 힘들지만 미래의 자산규모에는 큰 차이가 날 것이다. 조급하게 생각하지 말고 기본기를 다져야 하며 흥미를 잃지 않아야 한다. 부동산 경기는 주기가 있고 유행이 있다. 지금 힘들다고 투자에 관심을 끊지 말고 직장생활을 하며 취미처럼 꾸준히 투자하다 보면 어느새 불어나 있는 자산을 확인할 수 있을 것이다.

최근 몇 년 동안 부동산 규제가 연속적으로 나오고 있다. 양도세, 보유세도 높고 대출도 안 되고 역전세나 시세하락의 위험도 있다. 그래서 최근에 임대사업자를 활용한 투자, 개인법인·가족법인 투자, 신탁등기 등의 방법이 투자에 활용되었으나 새로 발표된 부동산 규제정책으로 이제 모두 막혔다고 볼 수 있다.

한편, 부동산 규제를 하기 위해 통제하고 있는 분양가상한제로 인해 청약은 최고의 재테크 수단이 되었다. 아파트 분양만 받으면 로또가 되는 상황이 발생되고 있다. 또 보유세 부담이 안 되는 재개발 투자가 인기를 끌고 있다. 주거용 부동산에 대한 제재로 지금까지 인기가 덜 했던 상가, 오피스텔, 꼬마빌딩 수요가 상승하고 있는 것도 주목해야 할 현상이다. 한편 부동산투자를 하기 힘든 상황이 되니 그 돈이 주식에도 몰리고 있다.

나의 기억과 경험으로는 주식시장이 과열되면 어느 순간 주식이 떨어지고 많은 사람들이 손해를 보게 된다. 그러면 그 돈이 또 부동산투자로 들어오게 된다. 리스크 관리를 하면서 긴 호흡으로 투자를 해야겠다. 투자도 좋고 돈을 버는 것도 좋지만, 리스크 관리에 실패하면 수익이 적어지는 정도가 아니라 한순간에 그동안의 모든 자산이 날아갈 수도 있다. 많은 투자 고수, 전문가들이 소리소문 없이 사라지는 것을 보아왔다. 어떤 투자 고수들은 감옥에 갔다는 얘기를 들을 때도 있다. 특히 부동산 하락기에는 자살 시도 소문도 나돌고는 한다. 모든 게 욕심 때문이고 자기 절제가 부족한 탓이며 무엇보다 리스크 관리가 안 돼었기 때문일 것이다.

다시 강조하면 투자를 지속하기 위해 중요한 것은, 리스크 관리이다. 투자에 있어서 리스크 관리란 현금유동성 확보와 포트폴리오 구성 그리고 세금에 대한 공부를 말한다.

## ① 현금유동성 확보

투자원칙과 자산관리를 통해 현금유동성을 확보하는 것이 중요하다. 매매가와 전세가의 차이가 적은 아파트를 매수할 때 현금을 남겨두지 않았다면 역전세는 물론이고 시세가 조금만 하락해도 정말 난처한 상황이 생길 것이다. 그동안 주위에서 잘나가던 투자자들이 역전세나 시세하락으로 난처한 상황에 처하는 것을 심심치 않게 보았다.

투자 초반에는 잘되다가 큰 실패를 하는 경우도 있다. 아파트와 빌라를 경매받아 17채까지 늘려서 회사에 과감히 사표를 낸 직장동료 L의 경우도 처음에 몇 채의 가격이 상승하여 무리하게 개수를 늘려간 것이 화근이었다. 월세세팅 없이 갭투자로만 투자하였다가 뒤늦게 임대수익을 위해 상가를 낙찰받았는데 마음처럼 임대가 나가지 않았던 것이다. 자금회전을 위해 매물로 내놓은 빌라들도 매도가 안 되면서 결국 파산을 하게 되었다. 현금유동성 확보에 실패했기 때문에 위기가 왔을 때 버티지 못한 것이다.

직장인 투자자로서 우리는 보수적으로 투자하며 대박보다는 리스크 관리를 통해 무너지지 않는 자산의 성을 구축해야 한다. 리스크 관리는 앞서 언급한 투자원칙과 자산관리를 통해 가능하다. 나만의 투자원칙을 정하고 그것을 지켜야 한다. 또한 정기적인 자산관리를 통해 내 재무상황을 정확히 인지하고 현금유동성을 확보해야 한다.

## ② 포트폴리오 구성

포트폴리오 구성은 투자를 지속하기 위한 필수조건이다. 가진 자산이 적더라도 조금씩이라도 포트폴리오를 구성해가는 습관을 들이는 것이 중요하다. 초보 투자자는 내 집 하나만을 가지고도 좋은 투자를 할 수 있다. 하지만 투자자로서 좀 더 자산을 키우기 위해서는 여러 형태의 부동산투자를 하게 될 것이다. 이때 특정 지역이나 물건에만 투자하는 것보다 여러 지역에 여러 형태의물건으로 분산투자하는 것이 안전하다. 이는 투자를 장기간 지속할 수 있는 좋은 방법이다. 즉, 내가 가진 돈이 100이라 하면 100을 한 번에 투자하는 것보다 이를 쪼개서 여러 가지 물건에 투자하는 것이 좋다는 것이다.

투자종목도 다변화해야 한다. 부동산이라는 범주를 벗어날 필요가 있다. 주식, 펀드, 채권, 연금, 금, 달러 등 여러 가지 종목에 조금씩이라도 투자를 하자. 내가 가진 자산이 한 가지의 투자처로 100% 몰리는 것은 리스크 관리 차원에서 경계해야 한다.

### ③ 세금 공부

부동산투자는 세금을 빼고 생각할 수 없다. 수익을 계산할 때도 해당 부동산의 매수가와 매도가만 고려할 것이 아니라 취득할 때의 세금, 양도할 때의 세금도 고려해야 한다.

세금정책은 생물과 같아 부동산 경기에 따라 계속 변화한다. 이에 따라 절세할 수 있는 방법도 항상 있어왔으니 세금에 대해서는 늘 공부가 필요하다. 투자를 시작하면 세금 강의를 주기적으로 듣고 세무사와 정기적으로 상담할 것을 권한다.

투자를 시작할 때는 세금 이해의 중요성이 크지 않을 수 있다. 하지만 투자를 지속하려면 세금에 대한 이해가 매우 중요하다.

# 투자 포트폴리오를 구성하라

## 투자 포트폴리오는 리스크를 관리해준다

투자를 할 때는 어느 한편으로 치우치는 것보다 다방면으로 투자하는 것이 리스크 관리에서 좋다. 투자의 목표와 종류, 투자지역을 다양화해보자. 이를 위해서는 포트폴리오를 구성해야 한다.

우선 임대수익용과 시세차익용으로 배분한다. 부동산투자에는 시세차익과 임대수익을 목표로 하는 부동산이 따로 있다. 임대수익만을 바라고 오피스텔, 빌라만 매수하게 되면 부동산 상승기에 시세차익에서 소외되고 엄청난 실망감을 느낄 수 있다. 반대로 시세차익만을 바라고 전세금과 대출을 이용해서 고가의 아파트만 매수했다가는 매달 나가는 이자도 부담스럽지만 역전세나 공실의 상황에 처하면 자금상황이 크게 불안해질 것이다.

보통 임대수익률이 좋은 물건은 시세차익이 크지 않다. 두 가지 모두 만족하기는 무척 힘들다. 시세차익과 임대수익용 물건을 적절히 배분하는 지혜를 가져야 한다.


## 물건별 특징부터 파악하라

부동산투자의 대표적 물건으로는 아파트, 오피스텔, 빌라, 상가 등이 있다. 대표적으로 이 네 물건의 특징을 명확히 파악하여 포트폴리오를 구성하자.


### ① 아파트

대한민국에 집이 남아돌아도 서울에는 항상 집이 부족하다. 전 세계 대도시가 대부분 비슷한 상황이다. 인구가 줄고 대학에 들어가기가 예전보다 쉬워져도 SKY에 들어가는 것은 여전히 힘든 이유와 같다.

대한민국에서는 거의 모든 사람들이 아파트에서 살고 싶어 한다. 아주 부자라서 큰 저택에서 사는 극소수를 제외하면 대도시 아파트 거주는 부의 상징이나 마찬가지이다. 대학을 졸업하고 사회에 나와서 가정을 이루거나 혹은 혼자 살아도 단독주택, 빌라, 오피스텔보다는 아파트를 선호한다. 그래서 아파트는 가장 편하고 좋은 투자처이다.

하지만 아파트의 단점도 있다. 시세차익이 큰 편이지만 임대수익은 오피스텔, 빌라, 상가보다 떨어진다. 그리고 현시점에 아파트는 정부의 부동산 규제 1순위 대상이다. 그럼에도 초보 투자자가 가장 편하게 투자할 수 있는 부동산투자처는 아파트이다.

## ② 오피스텔

오피스텔은 관리가 쉽고 임대수익이 좋은 반면에 아파트에 비해 시세차익이 적은 편이다. 어차피 오피스텔 투자는 시세차익보다 월세수익, 즉 임대수익을 목표로 하는 것이 맞다. 그렇다고 해서 시세차익이 없지는 않다. 입지가 좋은 오피스텔의 경우 분양가 대비 가격이 오르는 경우가 많다.

주의할 점은 취득세율이 높다는 것이다. 하지만 초기부터 매매가에 취득세를 반영하고 수익률을 계산할 때도 이를 반영하면 큰 문제는 아니다.

오피스텔에 투자할 때는 아파트 투자와 달리 층, 뷰, 구조 등에 크게 신경 안 써도 된다. 그냥 가장 싸게 나온 물건을 사면 된다. 향도 북향이든 서향이든 상관없다. 투자금을 줄이는 게 가장 중요하다.

대부분의 경우 입주할 때 사면 된다. 오피스텔은 분양할 때 경쟁률이 높아도 실제 입주할 때가 되면 분양가와 비슷하거나 조금 오른 가격에 매매되는 경우가 많다. 초보들이 많이 투자하기 때문이다. 입주할 때 가격이 크게 오르거나 하는 경우는 많지 않으니 관심 오피스텔의 입주시기를 기억해 두었다가 매수를 노려보기 바란다.

예를 들어, 송파 문정법조지구의 장지역 역세권 오피스텔들과 강서 마곡지구의 마곡나루역 역세권 오피스텔을 살펴보면 벌써 분양가 대비해서 꽤 많이 올랐다. 전세가는 이미 분양가를 상회한다. 분양가에 사서 전세를 주었다면 투자금을 다 회수하고 좋은 위치에 내 오피스텔이 생긴 것이다. 송파 문정법조지구 오피스텔들은 이외에도 여러 가지 호재가 있다. 근처가 업무타운으로 개발되고 있고 앞으로 위례신사선 역사도 생기게 된다. 지하철 8호선 초역세권이기도 하다.

마곡나루역 오피스텔들도 눈여겨보아야 한다. 무엇보다 마곡지구라는 큰 업무지구의 가장 중심에 위치하고 있다. 지하철 9호선 급행역, 공항철도, 5호선을 이용할 수 있으니 교통도 편리하다.

지금도 문정업무타운이나 마곡을 가면 발전하는 것이 눈에 보인다. 젊은 근로자들이 몰리는 곳이니, 이런 곳은 최소한 공실은 안 생길 것이고 내가 원할 때 매매도 분명 잘될 것이다.

현재 강남역 부근의 오피스텔은 월세가 높지만 매매가도 높아서 매매하기 쉽지 않다. 따라서 문정이나 마곡처럼 개발 예정된 곳이 더 낫다. 일단 동네가 개발될 동안 전세로 두었다가 나중에 업무지구가 완성되었을 때 월세로 돌리면 현금흐름에 도움이 될 것이다.

홍콩, 런던, 샌프란시스코 등의 대도시는 아주 작은 평수의 거주공간이라도 가격대가 어마어마하다. 우리나라도 점차 그렇게 되고 있다. 이미 삼성동과 잠실에 있는 오피스텔 크기와 비슷한 10평대 아파트들 중에는 매매가가 10억원을 넘어가는 것들도 있다.

오피스텔도 어느 정도의 가격상승은 기대할 수 있고, 설령 가격이 오르지 않더라도 월세가 잘 나오면 괜찮다. 투자금이 아파트보다 적게 들고 매도는 빌라에 비해 쉽다. 투자자라면 포트폴리오에 포함해야 하는 부동산이다.

오피스텔은 무조건 상업지구 역세권으로 선택한다. 세부조건을 따지기보다는 싸게 사는 것이 중요하며, 분양보다 입주할 때 구매하는 것이 좋다.

### ③ 빌라

빌라는 투자금이 적게 들고 수익률이 좋을 수는 있지만 매도가 잘 안 될 수 있다는 단점이 있다. 상대적으로 소액을 가지고 투자할 수 있으므로 초보 투자자들이 처음 시작할 때 많이들 투자한다.

투자금이 적게 들어간다는 것은 큰 장점이지만 내가 팔고자 할 때 잘 팔리지 않는다는 단점을 무시할 수는 없다. 아파트는 가격을 낮추면 팔리지만 빌라는 가격을 많이 낮추어도 매수세가 없는 경우가 있기 때문이다.

빌라 투자의 팁이라면 되도록 재개발 진행 지역 혹은 재개발 예정 지역에 투자하라는 것이다. 혹은 경매를 통한 저가 낙찰을 기대해볼 수도 있다.

## ④ 상가

상가는 시세차익과 임대수익을 볼 수 있지만 잘못 사면 마음고생을 할 수 있다. 상가는 초보자들의 영역이 아니다. 상가 투자를 하게 되면 1층이 가장 좋으나 2층 정도까지는 괜찮다. 층이 높아지면 상가 투자를 잘하는 사람들은 아이디어를 내서 세를 맞추겠지만 초보 투자자들은 많이 힘들 수 있다.

상가는 공실이 날 수도 있는데, 이 경우 관리비를 소유자가 부담해야 한다. 공실을 없애기 위해 월세를 낮추면 그 물건의 수익률이 낮아지는 것이므로 매매가도 낮아지게 된다. 더 큰 문제는 상권이 무너진 지역의 상가는 매매 자체가 안 되는 경우도 있다는 것이다. 상가 투자에 대해 잘 모를 때는 무조건 1층으로 선택하자.

| 시세상승 | 아파트 〉 빌라 〉 오피스텔 |
| --- | --- |
| 임대수익 | 오피스텔 〉 빌라 〉 아파트 |
| 환금성 | 아파트 〉 오피스텔 〉 빌라 |

**목표에 따른 물건 비교**

달걀을 한 바구니에 담지 말라고 했다. 부동산투자도 마찬가지이다. 부동산 경기가 좋거나 나의 근로소득이 많을 때는 시세차익 위주의 아파트에 투자하는 게 좋다. 부동산이 하락기이거나 나의 근로소득이 적을 때는 임대수익 위주로 부동산을 조정하면 된다. 또한 한 지역에 여러 물건을 사는 것보다 여러 지역에 분산하는 것이 더 좋다. 내 물건이 있는 지역은 관심이 생기므로 여러 지역을 자세히 알게 되는 효과가 있다.

# 부동산 세금을 공부하라

7·10 부동산 대책으로 인해 이 책을 위해 써놓았던 몇몇 글이 소용없게 되었다. 부동산 세금규제 정책이 너무 자주 바뀌어서 일반인들, 투자자들은 물론이고 세무사들조차 부동산 관련 세법을 힘들어하고 변화를 따라가기 버거워하는 실정이다.

문재인 정부는 초유의 부동산 세금규제를 내놓고 있다. 그래도 모든 일은 순리대로 흘러갈 것이다. 이러한 과도한 세금규제 정책은 과거 노무현 정부에서도 있었지만 지속되지는 못하였다. 정부의 정책과 반대로 갈 필요는 없다. 하지만 부동산 시장상황에 따라 바뀌는 세금규제 정책을 이해하고 향후를 대비해야 한다.

# 부동산 수익을 낮추는 세금부터 알아야 한다

부동산은 좋은 물건을 골라서 투자했다고 끝난 것이 아니다. 부동산투자 시에는 항상 세금도 같이 생각해야 한다. 투자는 공격이고 세금은 수비라고 할 수 있다.

세금은 투자에 있어서 매우 중요하고 항상 고려해야 할 사항이다. 하지만 처음부터 너무 겁낼 필요는 없다. 기본적으로 수익이 있어야 세금도 있고 자산이 커야 세금도 많아진다. 투자 초기에는 필요 이상으로 세금을 너무 두려워할 필요도 없고 나중에 어느 정도 실력이 쌓였을 때 절세를 위한 공부를 하면 된다.

집값이 2억원에서 4억원으로 올라서 매매차익이 2억원이 되더라도 세금과 기타 비용에 대한 부분을 고려해야 한다. 매매차익에 대한 양도세, 보유할 때의 재산세, 취득할 때의 취득세를 고려해야 함은 물론이다. 이외에도 중개수수료 및 보유기간 동안의 수리비 등 수익을 낮추는 여러 가지 요소가 있다.

수익을 얘기할 때 어떤 이는 세금 및 비용을 빼고 얘기하고 어떤 이는 세금 및 기타 비용을 전부 넣어서 계산해 얘기한다. 부풀려진 계산은 실제 수익, 자산과는 차이가 있으므로 투자자는 항상 세금을 반영하여 수익과 자산을 관리해야 한다.

세금은 정부와 시장상황에 따라 변동된다. 부동산 시장이 과열되면 정부는 여러 가지 세금정책을 내서 투자를 억누르려고 할 것이고, 반면에 부동산 시장이 너무 침체되면 부동산 규제를 완화하는데, 특히 세금에 대한 혜택을 준다. 즉 세금정책은 절대적인 것이 아니고 변동 가능한 것이다. 그래서 투자하는 사람들은 항상 세금에 관심을 두고 공부해야 한다.

부동산에 대한 세금은 취득할 때의 취득세, 보유할 때의 보유세, 매도할 때의 양도세 이렇게 3가지가 있다. 이외에도 부동산에 관련한 여러 세금이 있으니 알아보자.

### ① 취득세

취득세는 부동산을 취득할 때 내는 세금이다. 2020년에 개편이 있었는데 아파트의 세금 변동 구간을 주의해서 봐야 한다. 취득세는 추후 매도할 때 양도소득세에서 공제를 받게 된다.

| 현행 | | | 개정 | | |
|---|---|---|---|---|---|
| 개인 | 1주택 | 주택가액에 따라 1~3% | 개인 | 1주택 | 주택가액에 따라 1~3% |
| | 2주택 | | | 2주택 | 8% |
| | 3주택 | | | 3주택 | 12% |
| | 4주택 이상 | 4% | | 4주택 이상 | |
| 법인 | | 주택가액에 따라 1~3% | 법인 | | |

**2020년 취득세율 인상(안)**

*개인에서 법인으로 전환을 통한 세부담 회피를 방지하기 위해 부동산 매매 · 임대업 법인은 현물출자에 따른 취득세 감면혜택(75%) 배제

7·10 부동산 대책에서 개편된 취득세는 2주택 이상인 개인의 경우 8%의 취득세를, 3주택 이상 혹은 법인의 경우는 12%의 취득세를 부담하게 된다. 부동산투자를 막기 위한 정부의 강력한 의지라고 볼 수 있다.

참고로 기존 취득세율 표를 다음에 첨부한다.

| 취득가액 | 현행 | | 개정 | | 증감 |
|---|---|---|---|---|---|
| | 세율 | 세액 | 세율 | 세액 | |
| 6억원 이하 | 1% | 600만원 | 1% | 600만원 | 변동 × |
| 7억원 | 2% | 1,400만원 | 1.6% | 1,169만원 | 231만원 감소 |
| 7억 5천만원 | | 1,500만원 | 2% | 1,500만원 | 변동 × |
| 8억원 | | 1,600만원 | 2.33% | 1,864만원 | 264만원 증가 |
| 9억원 | | 1,800만원 | 2.99% | 2,691만원 | 891만원 증가 |
| 9억원 초과 | 3% | 2,730만원 | 3% | 2,730만원 | 변동 × |

변경 취득세율표(기준: 2020년 초)

## ② 보유세

세금 중에 취득할 때 내는 취득세, 매도차익으로 내는 양도세와 달리 보유세는 보유만으로 지출되는 세금이다. 이득을 얻지 않아도 정기적으로 내는 세금이므로 보통 투자자들이 가장 불만을 가지고 있는 세금이라고 할 수 있다.

보유세는 재산세와 종합부동산세로 나눌 수 있다. 매년 6월 1일을 기준으로 보유한 소유주에게 부과가 된다. 그러므로 부동산 매매를 할 때는 이를 기억해 두었다가 재산세를 피하는 방향으로 계약을 하는 것이 좋을 것이다. 매도자는 계약서를 작성하고 잔금을 6월 1일 이전에 주는 계약이 유리하고 매수자는 잔금을 6월 1일 이후에 받는 것이 유리하다.

보유세는 공시지가를 기준으로 부과되는데 현재의 보유세 정책은 지속적으로 강화되어서 부동산투자를 위축시키는 도구로 쓰이고 있다.

## ③ 양도세

양도세는 부동산 세금 중에 가장 큰 비중을 차지한다. 부동산 시세가 상승할수록 더 그렇다. 최근 부동산 상승장에서는 양도세 절세가 추가로 투자하는 것보다 더 나은 결과를 낳기도 했다.

2021년에 양도세율의 조정이 있다. 2년 미만 보유주택의 양도세율이 인

| 구분 | 과세표준 | 세율 | | | 누진공제 |
|---|---|---|---|---|---|
| | | 기본 | 조정지역 내 | | |
| | | | 2주택 | 3주택 | |
| 2년 이상 보유 (1년 이상 보유한 조합원입주권) | 1,200만원 이하 | 6% | 16% | 26% | – |
| | 1,200만원 초과 ~4,600만원 이하 | 15% | 25% | 35% | 108만원 |
| | 4,600만원 초과 ~8,800만원 이하 | 24% | 34% | 44% | 522만원 |
| | 8,800만원 초과 ~15,000만원 이하 | 35% | 45% | 55% | 1,490만원 |
| | 1억 5,000만원 초과 ~3억원 이하 | 38% | 48% | 58% | 1,940만원 |
| | 3억원 초과~ 5억원 이하 | 40% | 50% | 60% | 2,540만원 |
| | 5억원 초과 | 42% | 52% | 62% | 3,540만원 |
| 1년 미만 보유 | 주택, 조합원입주권 50%, 토지 50% | | | | |
| 2년 미만 보유 | 주택, 조합원입주권 40%, 토지 40% | | | | |
| 2년 이상 보유 | 주택, 조합원입주권, 토지 6~42% | | | | |
| 미등기 양도 | 70% | | | | |

보유기간에 따른 양도세율(기준: 2021년)

| 구분 | | 현행 | | | 12·16 대책 | 개정 | |
|---|---|---|---|---|---|---|---|
| | | 주택 외 부동산 | 주택 · 입주권 | 분양권 | 주택 · 입주권 | 주택 · 입주권 | 분양권 |
| 보유 기간 | 1년 미만 | 50% | 40% | (조정대상지역) 50% (기타 지역) 기본 세율 | 50% | **70%** | 70% |
| | 2년 미만 | 40% | 기본 세율 | | 40% | **60%** | 60% |
| | 2년 이상 | 기본 세율 | 기본 세율 | | 기본 세율 | **기본 세율** | |

양도소득세 세율 인상(안)

* 기본 세율(6~42%) + 10%p(2주택) 또는 20%p(3주택 이상) → 20%p(2주택) 또는 30%p(3주택 이상)
* 매물 유도를 위해 내년 종부세 부과일(2021년 6월 1일)까지 시행유예

상되었다.

이 양도세율 인상으로 예상되는 시나리오는 다음과 같다. 매도가 가능한 물건은 시행유예기간 이전에 매물이 급매가격으로 많이 나올 것이다. 그 이후는 높은 양도세로 매물잠김 현상이 나타날 것이다.

#### ④ 종합소득세

종합소득세는 다음의 표를 참조하면 된다. 근로자는 임대소득이 생기면 5월에 종합소득세 신고를 해야 한다. 직접 신고하는 것보다 종합소득세 전문 세무사에게 의뢰하는 것이 절세에 더 효과적이다.

| 과세표준 | 세율 | 누진공제액 |
|---|---|---|
| 1,200만원 이하 | 6% | – |
| 1,200만원 초과 4,600만원 이하 | 15% | 108만원 |
| 4,600만원 초과 8,800만원 이하 | 24% | 522만원 |
| 8,800만원 초과 1억 5,000만원 이하 | 35% | 1,490만원 |
| 1억 5,000만원 초과 3억원 이하 | 38% | 1,940만원 |
| 3억원 초과 5억원 이하 | 40% | 2,540만원 |
| 5억원 초과 | 42% | 3,540만원 |

**종합소득세율**

연봉이 높지 않아서 세율 구간이 높지 않으면 종합소득세는 염려하지 않아도 된다. 하지만 연봉이 높아서 세율 구간이 35% 이상이라면 종합소득세에 신경이 쓰일 것이다.

종합소득세 절세를 위해 비용처리를 최대한으로 하자. 기존에 보유해온 부동산 중에 양도세 혜택을 볼 수 있는 주택임대사업자 등록 물건이 있다면 해당 물건의 감가삼각을 통해 종합소득세를 합법적으로 절세하는 방법도 있다. 절세를 위해서 부동산 전문 세무사에게 상담을 필수적으로 받도록 하자.

## 세금 관련 책도 읽고 관련 웹페이지와 앱도 확인하자

앞서 설명한 표만 가지고 부동산 세금을 계산하기에는 어려움이 있을 것이다. 부동산 세금을 계산하는 데 도움을 주는 웹페이지와 앱이 많으니 참고하면 된다. 그중에 내가 최근 자주 사용하는 셀리몬(www.sellymon.com)이라는 웹사이트를 소개한다. 재산세, 종부세, 취득세, 양도세 등을 계산할 수 있다. 다만 이러한 웹사이트의 계산은 완벽한 것이 아니므로 참고만 하고 세무사를 통해 크로스 체크를 해야겠다.

또한 세금 관련 책들도 많이 읽어야 한다. 처음 부동산투자를 할 때는 투자 관련 책들을 봤지만 어느 순간부터는 세금 관련 책을 읽게 되었다. 투

자 경험이 쌓일수록 세금의 중요성을 절실히 느끼게 되기 때문이다.

**나의 책장에 꽂혀있는 세금 관련 서적들**

**카일의 투자 조언**

## 주거용 부동산의 공시지가 확인하는 법

국토교통부와 한국감정원에서 만든 부동산 공시가격 알리미 사이트를 통해 내가 보유
한 아파트와 빌라의 공시지가를 매년 확인할 수 있다.

## 오피스텔 공시지가 확인하는 법

오피스텔 공시지가는 부동산 공시가격 알리미가 아닌 홈텍스에서 조회 가능하다.

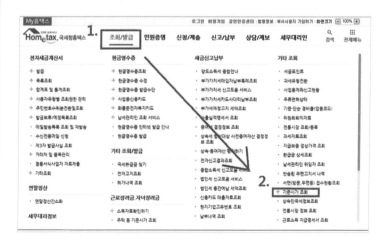

# 주택임대사업자, 법인
# 이해하기

주택임대사업자 등록은 문재인 정부에서 2017년경 적극적으로 장려했다. 국토부 장관이 나와서 많은 혜택이 있으니 임대사업자 등록하라고 직접 홍보까지 했을 정도였다. 하지만 이번 7·10 부동산 정책으로 주택임대사업자는 폐지되고 기존에 등록된 사업자만 유지하는 것으로 발표되었다. 주택임대사업자 등록에 대한 고민은 당분간은 할 필요가 없게된 것이다.

개인에 대한 부동산 규제를 피하기 위해 법인을 설립하여 부동산투자를하는 것이 한동안 유행이었다. 하지만 정부의 6·17, 7·10 부동산 대책으로 법인 부동산투자의 규제가 강화되면서 법인의 세금부담이 커졌다. 이번 세법 개정안은 법인으로 부동산투자는 하지 말라는 정부의 강한 메시지이다. 게다가 법인은 회사를 운영하기 위해서 법인을 설립해야 하며 세무 기장을 맡겨야 하는 등 신경 쓸 게 많다. 부동산투자를 위해 법인을 설립하는 것은 현 상황에서 큰 이득이 없다.

| 과세표준 | 세율 | 누진공제 |
|---|---|---|
| 2억원 이하 | 10% | – |
| 2억원 초과 200억원 이하 | 20% | 2천만원 |
| 200억원 초과 3,000억원 이하 | 22% | 4억 2천만원 |
| 3,000억원 초과 | 25% | 94억 2천만원 |

**기존 법인세율**

| | 현행 | 개정 |
|---|---|---|
| 내용 | • 규제지역 내 주택 매매, 임대사업자 주택담보대출은 LTV 20~50%, 비규제지역 내 주택 매매, 임대사업자 주택담보대출은 LTV 규제 없음<br>• 납세자(개인, 법인)별로 종합부동산세 공제(6억원, 1세대 1주택 9억원)<br>• 개인, 법인에 대한 구분 없이 납세 대상자별로 주택 공시가격을 합산하여 종부세 부과<br>• 법인의 주택 양도차익에 대해서는 기본 법인세율(10~25%)에 양도소득의 10%를 추가 과세 | • 모든 지역 주택 매매, 임대사업자에 대하여 주택담보대출 금지<br>• 신규 법인을 설립하여 분산 보유시 공제액이 무한대로 증가하는 점을 감안, 법인 보유 주택에 대해 종부세 공제(6억원) 폐지<br>• 법인이 보유한 주택에 대해 개인에 대한 일반 세율보다 높은 세율 적용<br>• 법인이 주택(사택 등 제외) 양도시 추가세율을 20%로 인상하고, 법인이 새로 임대등록하는 주택에 대해서는 추가세율 적용 |

**법인 부동산투자 규제 내용**

과거 사례를 보면, 부동산 시세가 급등하던 노무현 정부 시절(2003~2008년)에도 개인투자 세금규제를 피하기 위해 법인으로 투자를 많이 했고, 이에 법인 투자도 규제하기 위해 결국 법인 추가세율을 높였었다.

정부의 6·17, 7·10 부동산 대책으로 취득세, 보유세, 법인세(양도세)가 모두 큰 폭으로 증가하였다. 부동산 전문가나 투자를 전업으로 하는 경우에는 법인투자를 유지할 수 있다. 하지만 일반 직장인 투자자의 경우에는 더 이상 법인으로 투자할 이유를 찾을 수 없다.

06

# 월급쟁이
# 부동산투자
# 맞춤 전략

# 부동산투자로
# 돈 버는 사람들의 특징

부자가 되고 싶다면 부자를 따라하자. 부동산으로 돈을 벌고 싶으면 이미 부동산으로 돈을 번 사람들을 관찰하고 그들을 따라하면 된다. 내가 만난 부동산 부자들의 공통점을 정리해보았다.

### ① 긍정적인 마음가짐

투자에 너무 예민한 성격은 좋지 않다. 본인의 성격이 예민한 편이라면 성공적인 투자를 위해서라도 여유 있고 긍정적인 성격을 갖도록 노력하자. 〈기생충〉이란 영화에 "부자들이 더 착하다."라는 대사가 나온다. 실제로 부동산 부자들은 성격이 생각보다 착하고 여유롭고 대범한 경우가 많다.

성격도 노력하면 변한다. 투자 초기에는 작은 수익과 사소한 일에 일희

일비하고 마음 쓰게 되지만 어느 정도 궤도에 올라오면 크게 생각하고 큰마음으로 행동하는 것이 바람직하다.

특히 큰돈이 왔다 갔다 하므로 마음 관리에 실패하면 밤잠을 설칠 수도 있고 본업에도 악영향을 줄 수 있다. 투자도 행복해지려고 하는 것인데 투자로 마음이 불편해진다면 안 하니만 못하다. 투자 전에 충분히 검토하고 일단 투자했다면 잘될 것이라고 믿고 설사 잘못되더라도 어쩔 수 없으니 마음 편하게 지내자. 부동산으로 큰돈을 버는 부자들은 내가 한 투자를 믿고 작은 일에 일희일비하지 않는다.

마음 편한 투자를 위해 입지 좋은 곳을 골라 장기투자 하자. 단기투자로 조급하게 투자를 반복하면 세금만 늘어나고 시간만 뺏길 것이다.

## ② 윈윈 마인드

부동산투자를 할 때 최저가에 사서 최고가에 파는 것은 모든 사람들의 꿈이겠지만 실현하는 것은 쉽지 않다. 보통 나에게 부동산에 대해 물어보는 사람들은 내가 하락기에 집중적인 매수를 하였을 거라고 생각한다. 그런 기대와 달리 부동산 상승기가 시작되었을 때 투자로 들어간 경우가 대부분이고 나는 그게 맞다고 생각한다.

최고점에 파는 것도 기대하지 않는다. 실제 그렇게 되기도 쉽지 않다. 최저점에 사서 최고점에 파는 것은 신의 영역이다. 무릎이나 허리에서 사서 가슴이나 어깨 정도에만 매도할 수 있어도 행복한 일이고 내 물건을 사간 사람도 이익을 보기를 바란다.

내 욕심만 채우려고 하면 끊임없이 남들에게 고통을 주고 본인 스스로도 고통을 겪게 된다. 더 오를 것이라고 생각해도 매도를 결심했으면 주저

하지 말아야 한다. 매수자도 차익이 예상되어야 매수하는 것이다.

공인중개사, 세무사, 변호사 등을 대할 때도 마찬가지이다. 나만 이긴다는 생각을 버리고 같이 윈윈하는 동료로 생각하면서 투자해야 마음 편하고 오래갈 수 있다. 특히 공인중개사들은 나의 정보원이자 투자 지역을 설명해주는 스승이기도 하다. 작은 돈을 아끼는 것보다 돈을 더 지불하더라도 더 좋은 매물을 소개받아 더 큰 이익을 얻도록 하자.

### ③ 자기절제가 강하고 꾸준히 공부한다

부동산 고수들은 대부분 본인에게 철저하고 자기관리를 잘한다. 자기관리를 못하면 몇 번의 투자수익은 볼 수 있지만 돈을 지킬 수 없고 꾸준한 투자를 할 수 없다.

이는 특히 직장인 투자자에게 요구되는 항목이다. 자기절제와 통제가 가능해야 꾸준히 투자할 수 있다. 그렇지 않으면 회사일도 망치고 투자도 힘들어질 수 있다.

자기절제가 강하다는 것은 멘탈이 강하다는 뜻과 동일하다. 큰돈이 오가는 투자 세계에서 자기관리가 안 되고 멘탈이 약하면 살아남기 어렵다. 그런 사람들은 그냥 마음 편하게 직장생활만 열심히 하는 것이 답일 수 있다.

부동산투자로 수익을 계속해서 올리려면 공부도 해야 한다. 지속적으로 발표되는 개발계획, 세금정책 변화 등에 관심을 가지고 책을 읽고 세미나에 참석해야 한다.

나는 IT분야에 종사하고 있다. IT분야는 항상 새로운 기술이 나오고 트렌드가 계속 바뀌므로 IT분야 종사자들은 끊임없이 공부해야 한다. 정도의 차이겠지만 부동산투자도 마찬가지다. 새로운 개발계획은 지속적으로 발표되고 세금 및 규제는 너무나도 자주 바뀐다.

배워야 하는 것이 많아서 힘들다고 느껴질 수도 있다. 하지만 거꾸로 이런 어려움 때문에 일반인들이 쉽게 접근하지 못하고 접근한다고 해도 지속하지 못하는 것이다. 부동산 공부에 재미를 느끼고 지속한다면 자본주의 사회에서 부를 획득할 수 있다.

**카일의 투자 조언**

**부부가 같이 해야 시너지가 발생한다**

부부 사이가 좋지 못하면 서로의 행복에도 걸림돌이 되겠지만 자산증식에도 큰 장애물이 된다. 바쁜 직장생활을 하면서 부동산투자를 혼자 하기에는 버거울 때가 많다. 특히 임대를 준 부동산 물건이 많아지면 혼자 관리하기가 힘들어진다.

관심 있는 지역이 있으면 부부가 함께 주말에 그 지역으로 임장을 가자. 근처의 공원도 가보고 마트도 가서 같이 시간을 보내며 나들이처럼 즐기면 더욱 좋다. 책을 좋아하면 부동산투자 책을 선물하고, 책을 싫어한다면 가끔 강의라도 같이 들으러 다닐 것을 추천한다. 투자하기 전에 서로 의견을 나눌 수도 있다. 계약하러 갈 때는 같이 가도 좋고 바빠서 시간이 안 난다면 두 사람 중에 시간이 나는 사람이 가서 계약하면 된다. 혼자보다는 든든한 지원군과 함께해야 마음 편히 투자를 계속할 수 있다.

부동산투자로 이득이 생기면 배우자에게 선물을 하자. 여러분의 부동산투자를 적극 지원하게 될 것이다. 양도차액이 생기면 10%는 배우자에게 주는 것도 좋다. 배우자가 부동산을 자꾸 팔려고 할 것이다. 부동산을 매수하면 역시 매수 축하금으로 일정 금액을 배우자에게 주자. 별로 관심 없던 배우자가 여러분의 투자활동을 열심히 돕고 매수를 적극 독려할 것이다.

주위에서 부동산에 관심이 없던 배우자가 매수한 집의 시세상승을 경험한 후로 적극적인 지원자로 변한 경우를 종종 볼 수 있다. 적극적인 지원은 아닐지라도 최소한 방해는 하지 않게 된다.

나의 경우는 아내가 부동산투자에 관심이 많기 때문에 경매입찰, 매매나 전월세 계약, 취득한 물건의 등기는 아내가 도맡아 한다. 아내에게 나가는 법무대행비, 계약대행비 등이 일반 법무사에게 맡기는 것보다 훨씬 크기는 하지만 어쩔 수 없다. 나는 결정을 내리는 일을 한다. 부부가 같은 취미를 가지고 있는 것은 멋진 일이고 부동산투자도 멋진 취미 활동이 될 수 있다.

# 마음 편하고 안전한 투자를 위해
# 필요한 것들

사업을 통해 큰돈을 벌 수 있는 자영업자가 아닌 직장인의 삶을 선택한 이유는 무엇인가? 윗사람이 주는 스트레스가 없는 사업을 안 하는 이유는, 큰 리스크 없이 어느 정도 안전하고 편안함이 보장되는 삶을 살고 싶은 마음일 것이다. 최소한 나의 경우는 그랬다. 큰 영향력이 있는 글로벌 대기업에서 일을 하고 싶었는데 이런 회사를 내가 만들기는 힘들어 보였다. 작은 사업체의 사장을 하면서 고객과 대기업의 비위를 맞추는 것보다는 차라리 큰 회사에서 직장생활을 하며 시장에 큰 영향을 줄 수 있는 일을 하는 것이 나에게는 더 맞아 보였다.

조금 늦게 가더라도 안전하게 가는 것이 최고다. 투자를 하다 보면 위험한 상황에도 자주 놓이고 위험한 사람들도 많이 만나게 된다. 이 모든 위험은 지식이 부족해서이기도 하지만 욕심이 많아서이기도 하다. 본인만의 원칙이 없거나 원칙이 있어도 욕심에 눈이 멀어 그 원칙을 지키지 못하는 것이다.

잘 모르는 물건이나 고수익이지만 위험한 물건은 투자하지 않는 것이 좋다. 확신이 드는 투자, 확실하고 검증된 호재가 있는 투자처도 많기 때문이다.

부동산 경기가 나쁜 시기를 지나면 부동산 경기가 좋은 시기가 도래한다. 지금까지 상승기를 계속 지속해왔기에 2020년은 언제 꺾일지 모르는 불안한 상황이다. 따라서 부동산 보유 개수를 무작정 늘리는 것은 위험하다. 선호지역과 비선호지역의 가격 차이가 벌어지고 있기 때문에 보유물건의 질을 생각해야 하는 때이다.

그렇다고 부동산 경기가 언제 안 좋아질지 모른다는 불안감에 부동산투자를 멀리하면 결코 부자가 될 수 없다. 경기에 상관없이 마음 편하고 안전한 투자를 하기 위해 필요한 점은 아래와 같다.

### ① 근로소득

직장생활이 기본이 되어야 한다. 적당한 종잣돈 없이 무리하게 대출받아 투자하면 마음이 편할까? 꾸준한 근로소득이 주소득원이고 투자로 얻는 소득은 부수입이라고 생각해야 한다. 꾸준한 근로소득이 있으면 마음 편한 투자가 가능하다. 몇 번의 투자성공을 발판 삼아 직장을 그만두고 전업투자자로 나서는 사람들이 있는데 절대 섣불리 그만두어서는 안 된다. 10명 중 8~9명은 다시 직장을 찾아 돌아가고 이때 예전의 직장보다 못한 곳으로 가는 경우가 많다.

직장생활에 충실하게 적응한 후 시간관리가 될 때 투자하는 것이 좋다. 투자를 위해서라도 현재의 직장생활에 적응을 잘해야 한다. 또한 회사일과 투자를 분리시켜야 한다. 월급쟁이로서 회사업무에 최선을 다하는 것은 당연한 일이다. 부동산투자가 회사일에 해가 되어서는 안된다.

성공하는 사람은 지금 자신에게 주어진 일에 최선을 다한다. 요리사 지망생들에게 부엌에서 접시 닦는 일을 시키면 접시를 잘 닦는 사람이 나중에 요리도 잘한다고 한다. 접시를 대충 닦으며 마음속으로 나중에 요리할 생각만 하는 사람은 접시도 잘 못 닦고 요리도 잘 못하는 경우가 많을 것이다.

회사업무와 부동산투자를 병행하면서 서로 방해하지 않게 분리하는 것은 매우 중요하다. 회사업무와 부동산투자는 시간을 정해두고 분리해서 한다는 원칙을 세우고 그에 따라야 지치지 않고 장기적인 투자를 할 수 있다.

회사업무와 부동산투자 일이 겹쳐서 하나만 선택해야 한다면 당연히 회사업무가 우선이 되어야 할 것이다. 회사일이 잘 되어야 투자할 여유도 가질 수 있다. 직장인에게 주업은 회사업무이고 부업이 부동산투자임을 잊지 말자.


## ② 재무관리 능력

투자에 앞서 재무상태를 파악하는 능력이 선결되어야 한다. 로또에 당첨된 사람들이 몇 년 지나서 돈 문제에 처하는 것을 신문지상에서 쉽게 볼 수 있다. 거액의 돈이 주어져도 관리할 능력이 없으면 모래처럼 흩어지게 되는 것이다.

본인의 재무상태를 제대로 파악하고 그에 맞게 투자하는 것이 중요하다. 가끔 주변에 보면 본인의 총자산이 얼마이고 부채가 얼마이며 순자산이 얼마인지 모르는 친구들이 있다. 이런 친구들은 투자를 하면서 본인의 부채가 위험수위로 올라가도 인지를 못하고 있다가 한순간에 큰 어려움에 처할 수 있다.

본인의 자산 상태를 정확하게 인지하고 있어야 한다. 기억을 못한다면 언제든 볼 수 있는 표를 만들어서 필요한 경우 쉽게 확인할 수 있어야 한다.

돈이 부족한 사람은 수익률이 좋은 소액 투자를 노려서 투자금을 늘리는 시도를 해야 할 것이며, 돈이 많은 사람은 투자금이 많이 들고 수익률이 좋지 않더라도 수익금 자체가 큰 투자를 노려볼 만하다.

### ③ 투자처를 찾는 능력

안전한 투자처는 많이 있다. 교통, 학군, 환경, 편의시설 요건을 만족하는 인기 거주지역에 있는 부동산 가격이 비싸며 이러한 요건이 앞으로 만들어지고 개선될 지역이 시세가 상승할 지역이다.

부동산에 관심을 가지고 공부하다 보면 투자에 확신이 드는 물건이 보일 것이다. 본인의 자금사정에 맞는 물건, 확신이 드는 물건을 보는 능력을 길러야 한다. 지금 남들이 다 좋아하고 앞으로도 더 좋아질 지역을 선택하는 것은 투자로는 올바르지 않다.

즉, 지금 좋은 곳보다는 앞으로 좋아질 지역을 찾아야 한다. 여러 개발계획을 주의 깊게 보고 특히 서울이 업그레이드되고 있는 것에 주목해야 한다. 이런 수많은 개발계획을 살펴보고 본인의 자금 상황이 허락하는 최고의 물건에 투자하여 개발이 진행되는 것을 보는 재미와 자산이 늘어나는 즐거움을 느껴보기 바란다. 부동산은 주식과 달리 시간에 투자하는 것이다. 단기투자라고 해도 최소한 2년이다.

# 투자할 때 이것만은 하지 말자

우리는 더 나은 생활을 위하여 투자한다. 하지만 투자로 인해 힘든 상황에 빠지고 마음고생을 하게 되는 경우도 주위에서 많이 볼 수 있다. 모든 것이 본인의 능력보다 큰 것을 얻으려는 욕심 때문이다. 본인이 감당할 수 있는 만큼 투자를 하는 것이 좋다.

월급쟁이 부동산투자에 있어서 금기시되는 것들을 알아보자.

### ① 전문가에 지나치게 의지하는 것

부동산투자를 하면서 전문가에게 상담받는 것은 사실 당연한 것이고 추천하는 방법이다. 하지만 모든 것이 그렇듯 과하면 탈이 난다. 특히 투자 세계에서는 돈과 서로의 이득이 걸려있기 때문에 사실과 다르게 속이거나 거짓 정보로 호도하는 경우도 종종 있다.

곤경에 처하지 않기 위해서는 본인의 역량을 키우고 공부를 해야 한다. 기업 운영자가 회계나 세무에 대해 자세히는 모르더라도 회계사·세무사와 소통할 정도의 지식은 있어야 기업이 잘 돌아간다. 부동산투자도 마찬가지이다. 훌륭한 전문가를 볼 수 있는 눈이 있어야 하고 전문가의 말을 걸러서 들을 수 있어야겠다.

### ② 공동투자

공동투자는 돈이 걸려있기 때문에 서로의 사이를 벌어지게 할 수 있다. 아무리 친한 사이라도 그렇다.

투자는 각자 하도록 하자. 내가 투자한 후 그 다음으로 좋은 물건을 주변에 투자하는 사람들에게 소개해주는 것이 좋다. 혼자 투자하기에 자금이 부족하면 자금을 모으는 것이 우선이다. 가족 간에도 공동투자는 말리고 싶다.

### ③ 전업투자

투자해서 수익이 나면 신이 나서 힘든 회사를 그만두고 전업투자자가 되고 싶은 유혹이 생길 수 있다. 실제 전업투자자로 성공하는 확률은 매우 낮다. 주위에서 전업투자하는 사람들이 다시 직장을 찾는 경우를 많이 보기도 한다.

경험 많은 선배들이 하는 말이 맞다. 근로소득을 포기하지 말고 틈틈이 투자해서 근로소득과 불로소득을 다 가지도록 하자.

### ④ 상가 투자

상가는 고수의 영역이니 함부로 덤비지 말자. 아파트, 빌라는 주거를 위해 꼭 필요한 부동산이므로 수요가 보장되어 있다. 이와 달리 상가는 수익을 내야 하는 목적을 가진 부동산이다. 상권이 형성되지 않은 경우에 상가는 시세하락은 물론이고 매매 자체도 상당히 힘들어질 수 있다. 특히 초보 투자자라면 신도시 상가나 특수목적 상가는 투자 금지이다.

### ⑤ 토지 투자

토지로 대박 나는 경우도 있다. 하지만 토지는 특성상 매도하기 상당히 힘든 부동산이므로 초보 투자자가 쉽게 접근할 투자처가 절대 아니다.
정말 토지에 투자하고 싶다면 이렇게 하자. 다른 투자종목에 우선 투자하고 여유자금이 생겨 죽을 때까지 안 팔아도 무관하며 자손에게 물려주겠다는 마음으로 한다면 괜찮다. 물론 근로소득으로 살아가는 월급쟁이일 때의 이야기다. 다양한 투자를 할 정도로 돈이 많다면 토지 투자도 열심히 공부해서 하면 된다.

### ⑥ 특수물건 투자

유치권, 법정지상권 등이 걸려있는 복잡한 물건 말고도 투자처가 많이 있다. 더 큰 수익을 얻을 수도 있는 특수물건보다 수익이 좀 적더라도 안전한 수익을 보장하는 물건에 투자하는 게 맘이 편하다. 초보자가 특수물건에 도전한다면 주변의 고수나 전문가들에게 검토를 받고 도전하기 바란다.

## ⑦ 다가구주택, 상가 투자

은퇴자들은 노후를 위해 다가구주택을 구매하려는 경향이 있다. 대기업에 다니며 직장생활만 하던 사람들이 임대사업에 대해 경험도 부족하면서 갑자기 다가구주택을 구매하면 나중에 후회하는 경우가 많다.

물론 선량한 매도인들도 많겠지만 다가구 매도인 중에 가끔은 매수인에게 충분한 정보를 제공하지 않거나 거짓 정보를 제공해서 매수를 유도하는 경우도 있다.

우리가 아파트나 빌라를 매수할 때 만나는 매도인은 대부분 일반인이고 공인중개사도 일반적인 사람들이다. 다가구주택은 다르다. 다가구의 매도인은 건축업자나 적어도 임대사업, 부동산사업을 전문적으로 해온 전문가들이다. 공인중개사 역시 아파트, 빌라보다 좀 더 큰 규모의 거래를 주로 하는 중개사를 만나게 된다. 그들과 이야기를 나누고 눈높이를 맞추기 위해서는 보통의 아파트 거래보다는 더 높은 수준의 지식과 경험이 필요하다.

다가구주택의 매도인이 공실을 없애기 위해 매도 시점에 의도적으로 지인을 전입시키는 경우도 있고 월세수익을 뻥튀기하는 경우도 가끔 있다. 물건을 사고 나서 나중에 보니 위반건축물이라서 매년 과태료를 내야 하거나 비용을 들여 건물을 원상복구해야 하는 경우도 발생한다. 관리비, 청소비 등에 대해서도 정확히 짚고 넘어가야 한다.

다가구주택이나 상가 투자를 위해서는 먼저 아파트, 빌라, 오피스텔 등으로 임대사업에 대한 경험을 쌓고 도전하는 것이 좋다. 임대사업에 대한 경험 없이 무턱대고 세입자가 10가구 이상인 다가구주택을 매수해서 임대사업을 시작한다면 세입자 관리, 공실 관리, 인테리어, 건물 관리 등으로 마음고생을 하게 될 확률이 크다. 충분히 부동산에 대한 경험을 쌓은 다음에 도전하기 바란다.

## ⑧ 지역주택조합 투자

지역주택조합은 싫어하는 친구에게 추천하라는 말이 있다. 길게 설명하기 싫을 정도로 리스크가 큰 투자이다. 지역주택조합은 토지매입이 끝나지 않은 상태에서 조합원부터 모집하는 경우가 많다. 실제 사업지에 가보면 거주민들이 재개발에 동의하지 않는 경우도 많고 초보자의 눈으로봐도 재개발되기 힘든 지역인 경우도 있다.

지역주택은 일반 아파트 매매가나 아파트 분양가보다 저렴하게 분양한다. 세상에 공짜는 없다. 위험하므로 더 싼 것이다. 지역주택조합에 가입하면 납입한 돈을 돌려받고 빠져나오는 것도 매우 힘들다. 주변에서 지역주택조합에 가입한 후 오랜 시간이 지났음에도 재개발이 진행되지 않고 투자금만 들어가서 마음고생 하다 소송에까지 엮이는 경우를 심심치않게 볼 수 있다. 지금도 주변의 지인들이 입지 좋은 곳에 저렴한 아파트분양이 나왔는데 한번 봐달라고 문의해와서 알아보면 지역주택조합인경우가 많다. 지역주택조합이 모두 사기는 아니고 잘될 수도 있다. 하지만 성공사례보다 실패사례가 훨씬 많으므로 초보자들이 섣불리 접근할대상이 아니다.

앞서 이야기한 것들은 사실 투자 고수들이 선호하는 방법이며 수익률이상당히 좋은 경우도 있다. 하지만 대부분의 직장인 투자자들은 이렇게수익이 클 수는 있지만 리스크도 높은 투자는 하지 않는 것이 좋다. 투자로 수익을 내다 보면 왠지 내가 대단한 사람이 된 것 같고 욕심, 욕망이 점점 커지게 된다. 그러다 회사업무도 소홀히 하고 무리하게 투자를 늘리다 보면 어느 순간 투자 실패로 불행을 겪게 될 수도 있다. 수익은 좀 적더라도 마음 편한 투자가 최고이다. 찾아보면 안전한 투자 방법이 많이 있다.

반대로 너무 마음을 졸이거나 불안해하는 것도 문제이다. 나 역시 처음 부동산투자를 했을 때 마음이 콩닥콩닥했다. 어쩔 때는 너무 비싸게 산 것 같아서 매도자에게 취소하자고 전화를 할까 고민하기도 했고 실제로 한 적도 있다. 지금은 경험이 쌓여서 예전보다는 덜하지만 지금도 부동산 매매계약 시 이것이 과연 잘하는 선택일까 하는 고민을 할 때가 있다.

마음이 불안할 때는 최악의 상황을 미리 가정해보고 대처방법을 적어보자. 불안은 건강의 적이다. 불안은 어떤 일이 일어날지 모르기 때문에 생긴다. 발생 가능한 최악의 상황을 가정해보면 마음이 편해질 것이다. 일어날 수 있는 최악의 경우와 대처방법을 적어보았으면 이제 마인드컨트롤을 통해 무조건 긍정적인 마음가짐을 갖도록 하자.

절대로 자신과 남들을 괴롭히는 불평가가 되지 않도록 하자. 이미 결정했다면 나의 선택을 믿고 잘될 것이라는 주문을 외우자.

# 개인 자산관리를 시작하라

## 투자만큼이나 자산관리도 중요하다

돈을 제대로 관리하지 못하면 아무리 많이 벌더라도 항상 자금 상황이 안 좋은 삶을 살게 된다. 지금 돈이 별로 없어서 자산관리 할 게 없다고 해도 자산관리 공부를 시작하기 바란다. 기초가 튼튼해야 크고 탄탄한 성을 지을 수 있다. 나중에 공부할 건 또 따로 있다. 나중에는 부동산투자에 대해 공부하기도 바쁘다. 초기에 자산관리의 기초에 대해 확실히 틀을 잡아두어야 한다.

로또 당첨으로 일확천금을 번 사람들이 몇 년 지나 다시 경제적인 어려움에 처하는 것을 신문, 방송을 통해 볼 수 있다. 돈을 관리하는 습관이 없는 사람은 결코 부자가 될 수 없다.

돈을 관리하기 위해 알아야 할 지식은 너무 많지만 여기서는 필수적인 부분만 살펴본다. 부동산투자를 위해 꼭 알아야 할 재무상태 관리 도구가 있다. 바로 재무상태표, 손익계산서, 현금흐름표이다.

## 1. 재무상태표

현재 자신의 자산, 재무상태를 한눈에 보여주는 표이다. 자산관리를 위한 가장 중요한 도구라고 할 수 있다. 재무상태표는 대차대조표, 자산관리표 등 여러 가지 이름으로 불린다.

한쪽에는 자산을 표시하고, 다른 한쪽에는 대출을 표시하고 총자산에서 대출을 뺀 순자산을 표시한다. 인터넷에 많은 자료와 예시가 있으니 비교 분석해서 나만의 자산관리표를 만들어 사용하면 된다. 처음에는 재무상태표가 간단해도 상관없다. 시작하는 것이 중요하다.

재무상태표를 보면 나의 현금성 자산, 금융 자산, 부동산 자산과 보증금, 대출현황을 한눈에 알 수 있다. 매달 말일에 재무상태표를 점검하면서 한 달을 마감하는 습관을 들이도록 하자.

재무상태표는 여러 가지 방법으로 쓸 수 있다. 완벽하지 않아도 되니 일단 자신이 편한 방법으로 자신의 자산현황과 부채현황을 쭉 써 내려간다.

다음의 표는 재무상태표 예시이다. 왼쪽(차변)에는 내 자산을 현금성 자산, 금융 자산 등으로 나누어 작성하고, 오른쪽(대변)에는 전월세 보증금과 대출금을 표시한다. 왼쪽의 자산을 더하면 총자산이고 총자산에서 보증금과 대출을 빼면 순자산이 된다.

| 자산 | | 부채 | |
|---|---|---|---|
| **1. 현금성 자산** | | **1. 보증금** | |
| 예금 | 35,000,000 | 오피스텔 | 10,000,000 |
| 적금 | 14,000,000 | 빌라 | 8,000,000 |
| CMA | 15,000,000 | 아파트 | 290,000,000 |
| 소계 | 64,000,000 | 소계 | 308,000,000 |
| **2. 금융 자산** | | **2. 대출금** | |
| 펀드 | 26,000,000 | 오피스텔 | 110,000,000 |
| 주식 | 10,000,000 | 거주용 아파트 | 364,000,000 |
| 소계 | 36,000,000 | 소계 | 474,000,000 |
| **3. 부동산 자산** | | | |
| 오피스텔 | 150,000,000 | | |
| 빌라 | 100,000,000 | | |
| 아파트 | 320,000,000 | | |
| 소계 | 570,000,000 | | |
| **4. 비가용 자산** | | | |
| 거주용 부동산 | 520,000,000 | | |
| 주택청약통장 | 10,000,000 | | |
| 퇴직연금 | 20,000,000 | | |
| 개인연금 | 10,000,000 | | |
| 소계 | 560,000,000 | | |
| **자산총액** | 1,230,000,000 | **부채총액** | 782,000,000 |
| | | **순자산** | 448,000,000 |

재무상태표 예시(단위: 원)

위의 재무상태표를 보면 총자산은 12억원대이지만 순자산은 12억원대
가 아닌 4억원대이다. 자산을 부풀려서 생각하거나 말하지 않는 게 좋
다. 총자산이 아닌 순자산이 중요하며 표시할 때 헷갈리는 부분이 있으
면 항상 보수적으로 표시한다.

재무상태표에서 점검해야 할 주요 사항은 부채비율과 유동성자금비율
이다. 위의 표에서 부채비율(대출금 ÷ 자산총액)은 대출금만을 봤을 때는

4억 7,400만원으로 총자산 대비 40% 정도니 괜찮은 부채비율이다. 보증금까지 더한 총부채비율(부채총액 ÷ 자산총액)은 64%로 좀 높은 편이지만 보증금이 시세 대비 과하지 않다면 역시 괜찮은 비율이다.

현금성 자산과 금융 자산을 더한 금액이 유동성 자산이 된다. 위의 표에서 보면 1억원이 유동성 자산이다. 22%가 유동산 자산의 비율[(유동성자산(현금성 자산 + 금융 자산) ÷ 순자산)]이므로 이 정도면 안전한 자산 구조라 할 수 있겠다.

이런 방법으로 매달 재무상태표를 작성하고 본인의 대출 비율과 현금 유동성 비율을 점검하며 가계의 재무상태를 건실하게 유지하는 것은 장기적인 투자를 위해 매우 중요하다. 앞의 재무상태표가 복잡하면 아래 표와 같이 좀 더 쉽게 작성할 수도 있다.

재무상태표에 부동산 가치를 표시할 때 확대 해석은 금물이다. 부동산의 가치를 측정할 때는 보수적으로 표시하는 것이 좋다. 호가가 오르고 실제 실거래가가 올랐다고 해도 팔아서 남는 돈이 그대로 내 손에 들어오는 것이 아니기 때문이다. 매도 시 예상되는 세금 및 수수료 등을 제외한 금액을 표시해야 한다.

| 기간 | 예금 종류 | 주식, 펀드 | 부동산 | 은퇴자산 (연금 등) | 총자산 | 보증금 | 부채 | 총부채 | 순자산 |
|---|---|---|---|---|---|---|---|---|---|
| 2018 Q1 | 70,000 | 10,000 | 700,000 | 80,000 | 860,000 | 200,000 | 100,000 | 300,000 | 560,000 |
| 2018 Q2 | 75,000 | 12,000 | 700,000 | 85,000 | 872,000 | 200,000 | 100,000 | 300,000 | 572,000 |
| 2018 Q3 | 80,000 | 62,000 | 700,000 | 90,000 | 932,000 | 200,000 | 100,000 | 300,000 | 632,000 |
| 2018 Q4 | 90,000 | 62,000 | 700,000 | 95,000 | 947,000 | 200,000 | 100,000 | 300,000 | 647,000 |

간단 재무상태표 예시(단위: 천원)

## 2. 손익계산서

손익계산서는 수입과 지출을 표시하는 것이다. 실제 발생한 대로 기입한다. 가계부의 월 결산이라고 보면 된다.

예전에는 가계부를 기입했고 가계부를 기초로 매월 말일에 손익계산서에 기입하고 재무상태표를 업데이트했다. 하지만 나이가 들고 조금씩 자산이 많아지면서 가계부 기입은 너무 번거로워서 포기했고 손익계산서로 수입과 지출을 정리한다. 손익계산서를 보면 수입과 지출에 대해 한눈에 파악할 수 있다.

| 소득 | | 지출 | | | |
|---|---|---|---|---|---|
| 항목 | 금액 | 분류 | 소분류 | 세부항목 | 금액 |
| 근로소득 – 나 | | 고정지출 | 소비성 | 고정생활비 | |
| 금융소득 – 배우자 | | | | 친가용돈 | |
| 사업소득 | | | | 외가용돈 | |
| 임대소득 – 1 | | | | 세차비 | |
| 임대소득 – 2 | | | | 보장성 보험 | |
| | | | 대출이자 | A은행 | |
| | | | | B은행 | |
| | | | 저축성 | 저축성 보험 | |
| | | | | 저축성 보험 | |
| | | | | 펀드 | |
| | | | 합계 | | |
| | | 변동지출 | 소비성 | 골프 | |
| | | | | 문화생활 | |
| | | | | 여행비 | |
| | | | | 자동차 수리 | |
| | | | | 세금 | |
| | | | | 도서·강의 | |
| | | | 합계 | | |
| 총수입 합계 | | 총지출 합계 | | | |
| 순수입(총수입 – 총지출) | | | | | |

**월 손익계산서**

## 3. 현금흐름표

현금흐름표는 손익계산서와 거의 흡사하다. 다만 손익계산서가 자세한 발생 내용을 사실대로 기록한 것이라면, 현금흐름표는 개괄적인 현금흐름에 대해 기록한 것이다.

말 그대로 내 현금흐름을 알 수 있도록 수입과 지출을 나누어서 기록하고 확인하다 보면 자금 사정을 확인하고 대비할 수 있다. 현금흐름표를 통해 평균적인 수입과 지출에 대해 생각하고 어떻게 자산관리를 해야 되겠구나 하고 감을 잡는 것이 중요하다.

다음 표는 현금흐름표 예시이다. 수입과 저축성 지출을 먼저 적고 저축성 지출 이후 남는 금액을 소비성 지출에 반영한다. 그러면 현금흐름표에 반영 안 되는 여유자금을 확인할 수 있다. 매달 얼마의 자금으로 생활해야 하는지 아는 데 도움이 된다.

본인의 자산 상황을 정확히 아는 것은 투자의 기본이라고 할 수 있다. 부동산투자를 많이 하는 사람들 중에 이러한 자산관리가 안 되는 사람들은 부를 축적했더라도 지키지 못할 수 있고 외부 경기의 영향을 쉽게 받아 작은 변화에도 무너질 수 있다.

부동산투자에 앞서 본인의 자산을 관리하는 법은 꼭 배워두자. 이러한 도구를 통해 매달 말일에 본인의 재정을 확인하고 마감하는 습관을 가져야 한다. 마감이 잘되고 뿌듯한 달에는 가족이나 본인에게 선물도 하고, 마감이 잘 안 되어 속상한 날은 원인을 생각해보자. 긴축재정을 통해 더 이상의 리스크가 커지는 것을 방지할 수 있을 것이다.

| 종류 | 항목 | 금액 | 비율 |
|---|---|---|---|
| 수입 | 근로소득(나) | 4,500,000 | |
| | 근로소득(배우자) | 3,500,000 | |
| | 임대소득 | 800,000 | |
| | 금융소득 | | |
| | 기타소득 | | |
| | 합계 | 8,800,000 | |
| 저축성 지출 | 적금 | 1,500,000 | |
| | 펀드 | 1,500,000 | |
| | 주식 | 500,000 | |
| | 합계 | 3,500,000 | 40% |
| 소비성 지출 | 필수생활비 | 3,000,000 | |
| | 대출이자 | 800,000 | |
| | 합계 | 3,800,000 | |
| | 추가 여유분 | 1,500,000 | |

**현금흐름표**

# 부동산투자,
# 지금도 늦지 않았다

## 상승과 하락을 반복하는 부동산 경기사이클

부동산에는 경기사이클이 있다. 예전에도 그랬고 지금도 상승과 하락을 반복하고 있다. 상승과 하락을 수없이 반복하지만 장기적으로는 다음 그래프와 같이 우상향하게 된다. 그러나 장기적인 우상향에도 많이 오르는 부동산이 있고 거의 오르지 않는 부동산이 있다.

투자를 한다면 당연히 많이 오를 부동산을 선택해야 한다. 하지만 그런 부동산은 초기 투자금이 많이 들 수 있다. 그렇다면 초기투자금이 많이 들지 않아서 접근하기는 쉽지만 크게 시세상승이 힘들어 보이는, 남들이 주목하지 않는 물건으로 투자를 시작하고 이후에 투자금이 더 많이 들지만 시세상승 여력이 더 많은 물건으로 바꿔가는 과정을 지속해야 한다.

불만이 많은 사람들은 항상 불만만 얘기한다. 기성세대가 좋은 것을 다

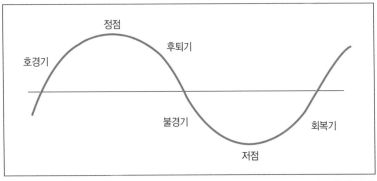

경기사이클(순환 과정)

가져가서 예전처럼 노력해서 신분상승할 기회도 없고 자산을 형성할 기회도 없다고 말한다. 결론부터 말하면, 지금도 부동산투자를 하기에 늦지 않았다. 장기적으로 보면 항상 지금 이 순간이 투자에 가장 좋은 시기이다.

서울은 세계적인 대도시 중의 하나이다. 서울은 계속 고도화될 것이고 점점 더 세계인이 많이 찾는 선호지역이 될 것이다. 또한 서울에서 거주하기 좋은 지역과 교통이 좋은 지역의 선호도는 시간이 지날수록 높아질 것이다.

뉴욕, 런던, 파리, 도쿄 등 해외 대도시로 여행을 가면 집값을 확인해보고는 한다. 서울의 집값만 세계의 대도시 중에서 특별히 비싼 것이 아니다. 세계 대도시의 부동산 가격은 상상 외로 비싼 경우가 많다. 그리고 서울은 정체되어 있는 도시가 아니라 열심히 발전하고 있는 도시이다. 앞으로 서울이 세계적인 대도시로 계속 발전한다면 서울의 부동산 흐름은 뉴욕, 런던과 비슷한 양상을 보일 것이다. 서울에서 거주하기 좋은 지역과 서울 근교에 교통이 좋으며 거주하기 좋은 지역의 선호도는 시간이 지날수록 높아질 것이다.

어쩌면 이후의 세대는 본인의 노력으로 서울의 아파트를 사는 것이 불가능할지도 모른다. 물론 지금도 서울의 아파트를 본인의 노력으로 매수하는 것은 힘든 일이다. 그렇지만 앞으로 더욱 선호되는 지역과 그렇지 않은 지역의 가격 차이가 커질 것은 분명하다.

일생에 가장 젊은 시점은 지금 이 순간이다. 재테크도 지금이 가장 좋은 시기이다. 부동산은 주기가 있고 장기적으로는 점진적으로 오른다. 앞에서 이야기한 것처럼 화폐가치 하락과 맞물려 있기 때문이다.

문재인 정부는 정부는 일관되게 지속적으로 부동산 규제정책을 내고 있다. 한마디로 부동산투자는 하지 말라는 신호이다. 부동산 침체기 초입이던 2007년, 2008년의 분위기와 비슷하고 규제는 사상 최대의 강도이다. 여기에 코로나 사태까지 일어났다. 경제 전체는 물론 부동산 경기에도 큰 악영향을 주는 악재이다. 주식 시세는 크게 빠졌고 이에 따라 많은 투자가, 일반인들이 주식 투자에 열을 올리고 있다. 부동산 가격은 최근 몇 년간처럼 급등하기는 힘들 것이고 올라도 소폭으로 상승하거나 정체할 것으로 예상된다. 부동산 경기가 위축되고 어려워지면 언제가 될지는 모르겠지만 과거와 같이 또 부동산 활성화정책이 나올 수도 있다. 그때가 되면 예전에도 그랬듯이 주식 투자로 손해를 본 투자자와 일반인들이 역시 주식보다는 부동산이라며 부동산투자에 몰리는 상황이 다시 찾아올 것이다.

## 2000년 이후의 부동산 시장 흐름

2000년 이후 부동산 시장을 복기해보자. 2000년대 초반에는 부동산 시장이 너무 과열되어 있었고 시장이 과열되자 정부에서 많은 규제정책을 내놓았다. 지금 있는 부동산 규제정책은 사실 이때에 대부분 있던 것들이다.

2002년, 2003년에 걸쳐 대출규제가 차례로 나왔고 투기과열지구가 발표되고 종합부동산세율이 강화되었다. 그리고 2006년에는 분양가상한제와 그 유명한 재건축초과이익환수제가 만들어지면서 그 당시 재건축 사업을 전면 중지시켰다.

엎친 데 덮친 격으로 2008년에 서브프라임 모기지 사태가 일어나 부동산 시장은 정부 규제와 외부요인이라는 강편치를 맞고 쓰러진다. 거시적인 시세를 보면 크게 올랐던 가격이 내려서 쭉 유지되는 형태였다.

2008년 이후로 부동산 시장은 한동안 깊은 침체에 빠졌다. 많은 사람들이 살던 집을 팔고 전세로 가고 돈이 있어도 집을 사지는 않는 분위기였으며 집 사면 바보라는 얘기도 나왔다.

정부는 부동산 시장을 활성화하기 위해 부동산 부양책을 내기 시작했고, 지금 생각하면 말도 안 되는 많은 혜택이 정책적으로 주어졌다. 투기과열지구 해제는 물론이고 재건축초과이익환수제의 유예, 분양가상한제 폐지 등과 더불어 양도세비과세, 청약 1순위 조건 약화 등 많은 부동산 부양책이 발표되었다. 한마디로 정부에서 부동산투자를 하라는 사인을 강하게 준 것이다.

정부에서 부동산에 투자하라고 할 때 하고, 하지 말라고 할 때 하지 않아도 큰돈을 벌 수 있다. 정부정책에 반하는 것은 좋은 생각이 아니다. 지금의 상황은 정부에서 부동산투자를 하지 말라고 하니 소극적이고 안정적으로 투자할 시기이다. 이럴 때 판을 벌리면 리스크에 너무 크게 노출될 수 있다. 물론 현재의 시점이 투자의 기회일 수도 있다. 특히 내 집 마련을 하려는 분들에게는 시점이 크게 중요하지 않으므로 더욱 그렇다.

2015년까지도 부동산 시장이 좋지 않아 서울 중심지에도 많은 아파트 미분양이 발생했다. 위례, 반포, 고덕, 마포 등 지금의 인기 지역 아파트 분양도 전부 미분양되었다.

정부의 노력 덕분인지 2013년부터 부동산 경기는 살아나기 시작해 지금까지 부동산 시세가 많이 올라서 이제는 또 반대의 상황이 되었다. 이제는 정부에서 여러 부동산 제재를 발표하며 부동산투자 수요를 줄이기 위해 노력하고 있다.

부동산 경기가 활성화되면 주위에서 많은 투자 성공사례를 볼 수 있다. 그러나 하락장에서는 고수들도 소리소문 없이 사라지곤 한다. 많은 부동산 강사들 중에는 오랜 경험으로 뛰어난 능력을 가진 분들도 있지만, 한창 부동산 경기가 좋았던 상승장만 경험한 분들도 많다. 우리는 이걸 기억하고 큰 수익을 노리는 투자보다는 망하지 않는, 리스크 없는 투자를 해야 한다. 몇 번의 투자 성공을 했어도 단 한 번의 실패로 모든 것을 날릴 수 있다는 것을 명심해야 한다.

기회는 분명히 다시 올 것이기에 그 기회를 잡아야 한다. 그렇게 하기 위해서는 투자에 관심을 두고 공부를 하며 종잣돈을 모으고 장기적으로 투자를 반복하는 습관을 들여야 한다. 장기적인 미래에는 부동산 경기가 극심히 안 좋을 경우에도 부동산 시세는 현재보다 많이 올라있을 가능성이 크다.

투자에 늦은 시기는 없다. 수익의 차이가 있을 뿐이다. 부동산은 상승기와 하락기를 반복하므로 상승기에는 시세차익형으로 부동산을 세팅하고 하락기에는 임대수익 위주로 부동산을 세팅하면 된다.

지금의 강력한 부동산 세금규제정책도 언젠가 부동산 경기가 안 좋아지면 자연스럽게 부동산 활성화정책으로 바뀔 것이다. 과거에도 그랬다.

투자를 위한 종잣돈을 모으고, 자산관리를 배우고, 투자하는 방법을 배워야 한다. 이렇게 준비해두면 확신 있는 투자를 실행할 기회는 반드시 다시 온다. 인생은 100m 단거리 경주가 아니라 장거리 마라톤이다.

# 나는 왜 직장 다니며
# 부동산투자를 하는가?

'나는 왜 투자를 하는가?'라는 질문을 스스로에게 던져봅니다. 바로 투자를 통해서 부를 얻고 싶어서입니다. '왜 부자가 되고 싶은가?'라고 묻는다면 그 이유는 아래와 같습니다.

1. 사고 싶은 것을 사고, 먹고 싶은 것을 먹고, 하고 싶은 것을 하고, 나 자신과 가족을 지키고 풍요롭게 살기 위해서입니다.

2. 자본주의 사회에서 현실에 불평불만을 하는 다수의 사람이 아닌, 자본주의 사회 시스템을 이용해서 자산을 형성하고 키워가는 소수의 사람이 되기 위해서입니다.

3. 남에게 도움을 받는 입장이 아닌, 남을 도와주는 입장에서 행복하게 살고 싶어서입니다.

이렇게 질문을 스스로에게 해보고는 합니다. 부동산투자의 근본적인 목적은 행복한 삶을 살기 위해서일 것입니다. 투자를 하는 것이 괴롭고 힘들다면 투자를 안 하는 것보다 못합니다.

마음고생을 하지 않기 위해서는 내가 준비되어 있어야 합니다. 부동산투자를 공부하고 지식을 이용해 경험을 쌓는 과정을 지속하면 부동산투자를 즐길 수 있습니다. 자신의 수준과 능력을 높이며 자존감을 높이고 행복한 투자를 지속하시기 바랍니다.

무엇보다 마음의 평화와 행복한 인생이 가장 중요합니다. 여러분들이 이 책을 읽고 마음 편하고 안전한 투자를 하기를 기원합니다.

# 나는 돈이 없어도 경매를 한다

**서른 아홉 살, 경매를 만나고 3년 만에 집주인이 되었다!**

▶ 돈 되는 집 고르기부터 맘고생 없는 명도까지 OK!
▶ 생동감 넘치는 경매 에피소드와 저자의 투자상세내역 대공개!
▶ 경매 상황별 궁금증을 속시원하게 풀어주는 Q&A와 깨알팁

**특별부록** 공실률 제로! 초간단 셀프 인테리어

이현정 지음 | 360쪽 | 16,000원

# GTX 시대, 돈이 지나가는 길에 투자하라

**사두면 오르는 아파트, 서울을 거치는 신설 역세권에 있다!**

▶ 2020 부동산 블루오션 완벽 분석
▶ 도시철도 연장선과 GTX 노선의 투자 가치 전격 분석
▶ 현장조사 노하우부터 2020 세법을 완벽 반영한 실전 매매전략까지!

**권말부록** 알면 도움 되는 아파트 투자 핵심 질문 20

박희용(부동산히어로) 지음 | 260쪽 | 17,000원

# 아는 만큼 당첨되는 청약의 기술

**2030 싱글도, 무자녀 신혼부부도, 유주택자도 당첨되는 청약 5단계 전략**

▶ 5단계로 끝내는 청약 당첨 전략
▶ 청약 기초부터 실전 전략, 시장의 흐름을 보는 눈까지!
▶ 1,400명 당첨자를 배출한 청약 대표 강사 열정로즈의 실전 전략 대공개!

**권말부록** 2020-2021 수도권&지방 광역시 청약 예정 단지

열정로즈(정숙희) 지음 | 440쪽 | 18,000원

# 경매 승부사들

**해결법을 알면 마법같은 수익률이 나타난다!**

▶ 대한민국 최고 경매 변호사가 밝히는 성공 방정식
▶ 역세권 아파트, 재개발 재건축, GTX 효과 등 앞으로 2년 반드시 알아야 할 경매 전략 수록
▶ 수십가지 에피소드 안에 담겨진 고수들의 전략과 탑 시크릿!

정충진 지음 | 252쪽 | 15,000원